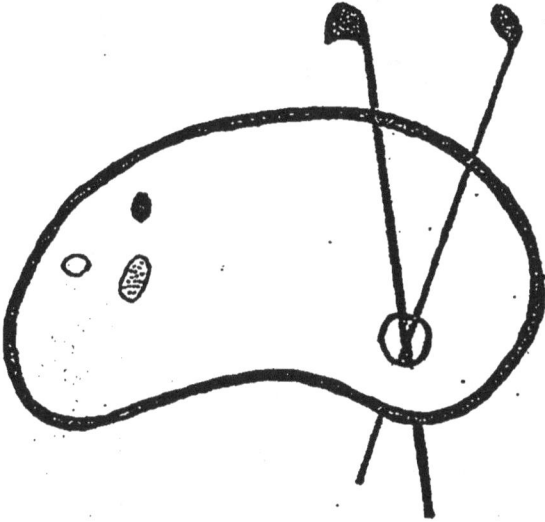

DEBUT D'UNE SERIE DE DOCUMENTS
EN COULEUR

# MÉTAPHYSIQUE

ET

# PSYCHOLOGIE

PAR

## TH. FLOURNOY

Docteur en Médecine,
Privat-docent de Philosophie à l'Université de Genève.

GENÈVE

H. GEORG, LIBRAIRE-ÉDITEUR
MÊME MAISON A BALE ET A LYON

1890

# MÉTAPHYSIQUE

## ET

# PSYCHOLOGIE

PAR

## TH. FLOURNOY

Docteur en Médecine,
Privat-docent de Philosophie à l'Université de Genève.

~~~~~~~~~

GENÈVE
H. GEORG, LIBRAIRE-ÉDITEUR
MÊME MAISON A BALE ET A LYON
1890

GENÈVE. — IMPRIMERIE AUBERT-SCHUCHARDT.

# UXORI MEÆ

CARISSIMÆ DILECTISSIMÆ
NULLIUS NON LABORIS PARTICIPI
MARIE NATÆ BURNIER
HOC, QUALECUMQUE EST, OPUSCULUM

## DEDICO.

# AVANT-PROPOS

Cet opuscule renferme la seconde de deux conférences sur
« l'Âme et le Corps » faites en décembre 1888 dans la série an-
nuelle des cours publics de l'Aula.

Le but de ces séances était d'exposer sommairement quel est
à notre époque l'esprit de la Psychologie. Il présente deux traits
essentiels qui se rattachent à deux principes fondamentaux et
tendent, par leur concours, à donner le caractère d'une science
proprement dite à l'étude, si longtemps reléguée dans le champ
de la philosophie, de notre vie mentale et de ses lois.

En premier lieu, comme l'indiquent les épithètes de *physiologique* et d'*expérimentale* dont elle se pare volontiers, la psychologie contemporaine cherche à se soumettre aux procédés rigou-
reux d'investigation auxquels les sciences physiques et naturelles doivent tous leurs progrès. Elle y arrive en vertu du principe de Concomitance ou de Parallélisme psychophysique, qui
n'est que l'expression scientifique de l'étroite union existant
entre l'âme et le corps. Union grâce à laquelle l'âme se laisse
atteindre non seulement immédiatement, par le sens intime,
mais encore indirectement et du dehors, par l'entremise de l'organisme, ce qui double en quelque sorte et rend plus exacte la
prise que l'on a sur elle.

Et secondement, la Psychologie s'efforce, à l'exemple toujours des sciences physiques et naturelles, de secouer le joug de la Métaphysique en bannissant de son domaine les querelles séculaires des philosophes. Cette tendance — qui a parfois inspiré des dénominations d'une saveur polémique accentuée, comme celles de *psychologie positive* ou *indépendante, psychologie sans âme,* etc., — s'appuie sur le principe de Dualisme psychophysique ou d'Hétérogénéité, c'est-à-dire sur la complète opposition de nature des faits mentaux et des faits organiques. Opposition devant laquelle tous les systèmes se trouvent réduits à une égale impuissance, ce dont la psychologie profite pour revendiquer son autonomie vis-à-vis d'eux.

Des deux conférences ci-dessus mentionnées, la première était consacrée à montrer, par quelques exemples empruntés aux recherches les plus récentes des psychologues de divers pays, toute la fécondité du principe de Parallélisme, et la tournure inattendue de science expérimentale, de science *à laboratoires,* que la psychologie prend de nos jours. — Cet exposé ne mérite pas d'être reproduit ici, les faits qui pouvaient lui donner de l'attrait il y a dix-huit mois ayant maintenant perdu le mérite de la nouveauté. Du reste, dans son numéro de février 1889, la revue illustrée *Le Monde de la Science et de l'Industrie* a fait à cette séance l'honneur d'un résumé assez étendu, dont la majeure partie a passé de là dans *La Nature* du 3 août de la même année.

Le second discours en revanche, destiné surtout à marquer la séparation que le principe de Dualisme crée entre la science psychologique et les opinions métaphysiques, peut encore offrir quelque intérêt. Non pas sans doute aux savants ou philosophes de profession, qui n'y trouveront rien de bien original, rien qu'ils n'aient déjà rencontré dans les écrits, de genres d'ailleurs si différents, de MM. Wundt, Renouvier, W. James, du Bois-Reymond et Ch. Secrétan, — pour ne citer que ceux, parmi les vivants, à qui j'ai le sentiment d'avoir de beaucoup le plus d'obligations intellectuelles. Mais aux amateurs et aux étudiants que ces questions intéressent, et qui aiment à s'y arrêter parfois sans avoir pourtant le loisir ni le courage de les aborder dans les ouvrages spéciaux, les pages suivantes seront peut-être d'une certaine utilité en traçant un canevas à leurs méditations. C'est pour eux que j'ai rédigé cette conférence et l'ai complétée soit par des paragraphes qui avaient figuré au début de la première séance (tout le chapitre Ier de la présente brochure), soit par des citations et notes additionnelles relatives à quelques-uns des sujets traités.

Puissent seulement les lecteurs chercher dans ce petit travail moins des idées toutes faites qu'un stimulant à penser et à réfléchir par eux-mêmes ! Car c'est bien en ces matières que le mot connu de Vinet est à sa place : « La vérité, sans la recherche de la vérité, n'est que la moitié de la vérité, » tout au plus.

Florissant, près Genève, 20 juin 1890.

# CHAPITRE PREMIER

## Des Principes de Parallélisme et de Dualisme psychophysiques.

----

### 1. De la Psychologie expérimentale et du Principe de Concomitance ou de Parallélisme psychophysique.

Mesdames et Messieurs,

Notre siècle pourra se glorifier d'avoir assisté à une belle éclosion de sciences dont on ne soupçonnait guère la possibilité avant lui.

De ces branches récemment apparues sur l'arbre de la connaissance, la plupart sont des subdivisions de sciences anciennes devenues, par un développement continu, si touffues que leur fractionnement en rameaux dorénavant distincts s'impose comme une nécessité pratique. C'est ainsi que la météorologie s'est détachée de la physique, l'embryogénie de l'anatomie, etc. Ce processus de segmentation, incessamment renouvelé, promet des joies infinies aux logiciens de l'avenir voués à la classification des sciences et des arts ; si d'Alembert revenait à l'existence, que n'aurait-il pas à faire, déjà maintenant, pour mettre à jour son fameux tableau généalogique des connaissances humaines !

Mais il en est, parmi ces sciences de fraîche date, qui sont d'une autre provenance. Au lieu de devoir leur origine à une sorte de morcellement de domaines scientifiques désormais trop vastes pour rester dans une même main, celles-ci naissent directement de ce sol tourmenté, encore étranger à la science et objet de mille contestations, qu'on nomme la Philosophie. Telles sont les études économiques et sociales, que nous voyons peiner et lutter pour acquérir droit de cité dans le royaume du savoir, après tant de siècles d'esclavage sous la domination des systèmes et des écoles. Telle est aussi la psychologie, dont nous avons à nous occuper ici. L'étude des faits de l'âme est aussi vieille que la réflexion de l'homme sur lui-même, mais on l'avait toujours considérée jusqu'à notre époque comme rentrant dans le cadre des disciplines philosophiques. Ce n'est que depuis trente ou quarante ans qu'elle s'est peu à peu métamorphosée, sous le nom de Psychologie physiologique ou expérimentale, en science positive, possédant aujourd'hui ses laboratoires et ses instruments de précision, ses méthodes propres, des revues périodiques bourrées de chiffres et de tracés graphiques, voire même un congrès international, — bref tout l'attirail obligé d'une science qui se respecte et tient à faire bonne figure dans le monde.

*<br>* *

De ces deux manières de voir le jour, — par division de sciences préexistantes, ou par transformation en science proprement dite, indépendante de tout système philosophique, de ce qui n'était jusque-là qu'un amas de notions confuses et mêlées de beaucoup de théories métaphysiques, — la seconde est bien la plus intéressante.

D'abord, elle représente le procédé primitif qu'ont suivi toutes nos sciences fondamentales; espèce de génération spontanée, par laquelle le savoir organisé semble sortir, sinon du néant, du moins d'un chaos informe. Ainsi, au commencement du XVII$^{me}$ siècle, la mécanique, la physique, l'astronomie, nos sciences positives par excellence, germant au souffle des temps modernes sous l'humus de la scolastique, véritables créations du génie de Galilée, Kepler, Gilbert ou Descartes.

Ensuite et surtout cet échange de conceptions vagues et chimériques contre des connaissances certaines, — ce passage, comme disait Auguste Comte, de l'état théologique et métaphysique à l'état positif — a quelque chose de dramatique. Il ne se fait pas tout seul, mécaniquement, avec l'indifférence d'une science déjà constituée qui se partage en plusieurs branches. C'est par une lutte qu'il s'effectue, lutte souvent opiniâtre et douloureuse pour plusieurs générations, entre deux principes différents. D'un côté, l'esprit scientifique, nouveau, cherche à s'introduire, sec mais lucide, et à substituer, avec l'aide de l'expérimentation, des notions claires et des mesures précises, mathématiques, aux rapports mal définis et aux idées troubles admises jusque-là. De l'autre, l'esprit ancien, le mode métaphysique d'envisager l'univers et la vie, abandonne la place peu à peu; mais non sans peine et sans déchirements, parce qu'avec lui semblent s'effondrer une foule de croyances chères au cœur humain, et que des profondeurs de l'empyrée, où elle contemplait l'infini, la pensée se voit violemment ramenée sur la terre.

C'est qu'en effet la science, en nous enseignant les rapports exacts des faits, nous laisse dans l'ignorance de leur nature interne, de leur cause dernière. Elle se meut dans le relatif; l'absolu lui échappe : quel que soit le nom qu'on lui donne, Dieu, Substance ou Force, pour le savoir positif il est et restera l'Inconnaissable. Or l'esprit humain, poursuivi du désir de comprendre l'essence des choses et de posséder le mot de l'énigme universelle, ne renonce pas aisément à son rêve; chaque progrès de la connaissance, chaque découverte, lui semble d'abord un pas vers le but, une trouée dans le voile de l'impénétrable, — et quand il s'aperçoit qu'il n'en est rien, c'est toujours une nouvelle déception.

En ôtant notre terre du centre du monde et en pulvérisant les cieux de cristal des anciens, Copernic et ses successeurs opérèrent dans les conceptions de leur temps un bouleversement que nous avons quelque peine à nous représenter aujourd'hui ; tout près de nous, en montrant la réalité scientifique de cette grande idée d'évolution qui hantait déjà plus d'un Grec, et dont nos philosophes modernes, de Leibnitz à Hegel et Spencer, ont tous eu le pressentiment, Darwin a consommé une révolution analogue, que l'on a justement comparée à celle de Copernic. Et pourtant, après ces deux gigantesques étapes de la science, sommes-nous plus avancés que les anciens au point de vue métaphysique ? Au contraire. Démocrite, Platon, Aristote, pensaient tenir la réalité absolue, la vérité vraie, dans les notions qu'ils se faisaient des Atomes, des Idées, de l'Ame. Nous avons perdu cette foi naïve, et loin de croire par exemple que la matière soit en elle-même telle, ou à peu près, que nos physiciens la conçoivent, nous ne sommes pas même bien sûrs qu'il existe une matière quelconque en dehors de la représentation que les savants en ont ! — Sans doute, nous avons gagné en largeur d'idées, et en confortable. Notre horizon astronomique est affranchi de toute limitation dans l'espace, notre tableau de l'enchaînement des êtres vivants débarrassé de toute désagréable solution de continuité ; nous ne doutons plus que les phénomènes de la société ne soient soumis à des lois ; nous avons la cuisine au gaz, le téléphone et les poêles Choubersky ; — mais notre connaissance du fin fond des choses et du but suprême de l'existence en a-t-elle progressé d'une ligne ?

Le roi Midas changeait en or tout ce qu'il touchait ; circonstance commode pour son ministre des finances, mais qui faisait moins le compte de son estomac. Il en est de même de la science ; tout ce qu'elle touche, elle le transforme en or pour la pratique matérielle de la vie, en vérités précises qui rendent l'homme maître de la nature et sont les sources de l'industrie... Mais dans la même mesure elle rabaisse ces vérités à n'être plus que relatives, phénoménales, et par là elle affame l'animal métaphysique, avide d'absolu, qui est au fond de l'âme humaine. « Je ne sais qu'une chose, c'est que je ne sais rien » disait Socrate. Encore lui restait-il l'espérance de s'instruire. Les savants modernes ne l'ont pas même, et lorsqu'ils sont sincères et clairvoyants, ils confessent que ce qu'ils savent le mieux, c'est qu'ils ne pourront jamais rien savoir de ce qui intéresserait le plus l'humanité. On en a vu, à qui cet aveu était trop pénible, se résigner à tromper leur appétit en avalant tout crus le bouddhisme, la théosophie ou le spiritisme.

*
* *

Tel est donc le double processus dont toute branche d'étude devient le siège lorsqu'elle entreprend de se détacher de la philosophie pour conquérir son autonomie : l'introduction de la science, essentiellement sous forme de la mesure, — et l'expulsion de la métaphysique, sous forme d'une fin de non-recevoir carrément opposée à toutes les questions insolubles qui jusquelà faisaient souvent le plus grand attrait de cette étude.

Nulle part ces deux caractères ne se montrent mieux que dans la psychologie expérimentale contemporaine.

Ils s'y résument en quelque sorte dans le principe fondamental dont je vous ai entretenus il y a quelques jours, le principe de Concomitance ou de Parallélisme psychophysique : *Tout phénomène psychique a un concomitant physique déterminé.* C'est-à-dire que l'ensemble d'événements intérieurs, pensées, sentiments, volitions, etc., qui constitue ce que nous appelons la vie de notre âme, notre vie psychique ou mentale, est accompagné d'une série parallèle de modifications dans notre organisme corporel et particulièrement dans notre système nerveux; de sorte que chaque terme de la série psychique a pour pendant un terme défini de la série physiologique; à chaque état de conscience correspond un état moléculaire spécial de notre cerveau, un groupe déterminé de phénomènes physico-chimiques s'effectuant dans les cellules ou les fibres de notre substance cérébrale.

Or l'affirmation d'un tel parallélisme entre deux choses aussi différentes que la vie de l'âme et la vie du corps, entraîne une double conséquence. D'une part, la possibilité d'appliquer aux phénomènes de conscience, par l'intermédiaire des phénomènes corporels correspondants, des méthodes d'observation et d'expérimentation qui en fourniront une connaissance beaucoup plus étendue et plus complète qu'on ne pourrait l'obtenir par le sens intime tout seul, et qui permettront de les soumettre indirectement à la mensuration ; — ce qui ouvre la porte à une investigation vraiment scientifique des faits psychologiques. D'autre part, l'impossibilité de réduire l'un à l'autre ces deux ordres de phénomènes, ou d'établir entre eux une relation quelconque, outre celle de simultanéité, — ce qui ferme la porte à toutes les hypothèses imaginées pour expliquer l'union de l'âme et du corps, et oppose aux spéculations des philosophes sur ce sujet la barrière infranchissable d'un irréductible dualisme.

Examiné de près, le principe qui sert de base à la psychologie moderne se trouve ainsi, comme Janus, présenter deux faces opposées, dont l'une, regardant vers l'avenir, sourit à la science, tandis que l'autre, tournée vers le passé, montre les dents à la métaphysique. Et ce sont, vous vous en souvenez, ces deux tendances, ce double aspect du principe qui domine les recherches psychologiques actuelles, que je me suis proposé de mettre en lumière dans ces conférences.

Notre précédent entretien a été tout entier consacré à développer le premier de ces points. J'ai essayé de vous montrer, par quelques exemples choisis dans le champ de la psychologie expérimentale, comment, grâce à l'union constante qui existe entre nos phénomènes de conscience et certaines modifications de nos organes, on est arrivé à divers résultats, encore très fragmentaires assurément, mais pleins de promesses pour l'avenir, sur la mesure intensive des sensations, la durée des actes psychiques, les oscillations de l'attention, et bien d'autres points que l'on n'aurait jamais crus susceptibles, au temps jadis, d'une détermination expérimentale exacte. Kant désespérait, il y a juste un siècle, que la psychologie réussît jamais à devenir une science proprement dite, faute de pouvoir revêtir la robe serrée des mathématiques. Nous avons fait du chemin depuis lors ; et s'il reste peu probable que les psychologues futurs parviennent à calculer d'avance les sentiments ou les décisions d'un individu donné, comme les astronomes prédisent les éclipses, on peut cependant espérer que leurs recherches arriveront à ne plus le céder beaucoup, en fait de certitude et de précision, à celles de la plupart des branches des sciences naturelles.

Aujourd'hui nous avons à nous acquitter de la seconde partie de notre tâche, en examinant la relation, ou plutôt l'absence complète de relation, qui doit régner entre la science psychologique et la métaphysique, en vertu de l'abîme que creuse entre elles ce même principe de parallélisme, ou plus exactement l'axiome de dualisme qui y est implicitement renfermé.

En bonne logique, nous devrions commencer par nous entendre sur le sens exact du mot Métaphysique que j'ai déjà prononcé à diverses reprises sans le définir. Mais cela risquerait de nous entraîner fort loin, et mieux vaut nous contenter ici de la notion plus ou moins approchée que nous en possédons tous. Chacun connaît d'ailleurs la seule définition de ce terme qui ait eu le privilège de mettre tout le monde d'accord (sauf peut-être les métaphysiciens) : « La métaphysique, c'est quand ceux qui écoutent ne comprennent rien, et que celui qui parle ne s'entend pas lui-même. »

Il vous est aisé de prévoir par là que cette seconde séance aura un caractère très différent de la première. Nous quittons en effet le sol, un peu froid peut-être, mais ferme et uni des laboratoires, pour nous élancer dans les régions nuageuses et nullement sereines où les philosophes ont coutume de tenir leur sabbat. Ici, plus de chiffres certains, plus de minutieuses observations et de recherches terre-à-terre; car dans ce séjour des vastes pensées et des spéculations sublimes, les méthodes de contrôle expérimental perdent leurs droits en même temps que tout objet d'application. On n'a que faire de chronographes marquant le dix-millième de seconde, là où il ne s'agit de rien de moins que de couper des cheveux en quatre.

## 2. De la valeur et de l'étendue du Principe de Parallélisme.

Avant de passer aux problèmes proprement métaphysiques et de montrer comment la psychologie les rejette de son sein en vertu de son principe fondamental, il n'est pas hors de propos d'écarter une objection, et de prévenir une erreur, auxquelles l'énoncé de ce principe peut facilement donner naissance.

\*\*\*

L'objection se présente d'elle-même : c'est que rien ne démontre la vérité universelle de ce prétendu principe, rien ne prouve que tout état ou acte spirituel soit constamment accompagné d'une modification corporelle correspondante. — « Qu'il y ait, dira-t-on, une union générale, en gros, entre l'âme et le corps, soit. Mais comment pouvez-vous affirmer que tout phénomène mental, sans exception, possède un corrélatif physique défini, sans lequel il ne pourrait avoir lieu? Sans doute, nous ne savons que trop, par une expérience journalière souvent humiliante, combien notre vie psychique dépend de l'état de notre organisme et lui est intimement liée ; mais cela ne justifie pas la conclusion sans réserve que vous prétendez en tirer. De quel droit élevez-vous donc à la hauteur d'un principe absolu ce qui n'est après tout que le résultat d'un nombre restreint d'observations? Les faits réellement constatés ne donnent pas ni ne sauraient donner cette universalité que vous attribuez à la relation du physique et du moral ; et nous ne voyons point pourquoi l'âme ne pourrait pas être parfois le siège d'idées, de sentiments, de résolutions, où le corps n'aurait rien à voir. »

A cette objection il n'y a pas de réponse péremptoire. Rien, il faut l'avouer, n'autorise logiquement cette thèse sans restriction que tous les faits psychiques ont une contre-partie organique. Ni le raisonnement seul ni l'expérience brute ne garantissent une telle affirmation. Car il est clair qu'il n'est pas possible de vérifier expérimentalement si chez *tout* homme, et pendant *tout* le cours de sa vie, les phénomènes de conscience sont liés à des modifications correspondantes du système nerveux ; et il n'y a non plus aucune contradiction en soi à supposer que certains événements de notre vie psychique aient lieu indépendamment de toute participation du corps. L'âme pourrait fort bien, comme l'admettent généralement les philosophes spiritualistes, avoir ses moments d'indépendance. Étroitement liée à l'organisme dans la sphère inférieure des sensations, des instincts, des représentations, — obligée encore de recourir à lui pour manifester au dehors les décisions de sa volonté, — il n'y aurait rien d'absurde à ce qu'entre deux du moins, dans les régions élevées de la pensée abstraite, des sentiments esthétiques ou moraux, des aspirations religieuses et des luttes de la conscience, elle possédât une activité propre, une vie détachée du fonctionnement des centres nerveux. A moins d'être l'esclave d'une opinion préconçue, on reconnaîtra que la possibilité d'un exercice purement spirituel des facultés intellectuelles et morales, sans aucune intervention du corps, n'est réfutable ni par les faits tels quels, ni par le raisonnement pur.

Mais il ne faut pas oublier que dans le domaine scientifique le raisonnement pur et les faits tels quels ne sont pas tout. A la base de nos sciences les plus solides et les plus indiscutées il y a des principes auxquels on pourrait adresser le même reproche qu'à celui de concomitance, et qui cependant sont universellement admis. C'est qu'au fond ils figurent là non point à titre d'axiomes d'une évidence logique irréfragable, ou de vérités adéquates aux données sensibles, mais bien plutôt comme règles de conduite dont le savant ne doit jamais se départir au cours de ses investigations, comme fil d'Ariane servant à diriger ses pas à travers le labyrinthe obscur des faits. L'utilité pratique leur tient lieu de démonstration rigoureuse. Si le logicien à cheval sur le syllogisme a peut-être beau jeu pour les critiquer, le chercheur aux prises avec la réalité hausse les épaules devant ces attaques et tient ferme à ces principes, parce que les ayant vus à l'œuvre, et les sachant indispensables, il respecte en eux les conditions suprêmes de la science et les instruments nécessaires de toute marche en avant dans la connaissance positive.

Rappelez-vous, par exemple, le rôle et l'histoire du *Principe d'inertie* en mécanique, ou du *Principe de la conservation de l'énergie* dans la physique actuelle. Quelle nécessité y a-t-il pour la pensée logique à ce qu'un corps ne puisse modifier par lui-même son état de mouvement ? Aucune, et jusqu'à la naissance des sciences, il y a moins de trois siècles, on a généralement admis que les projectiles tendaient d'eux-mêmes, par nature, à s'arrêter. C'est bien aussi ce que nos sens nous montrent journellement ; les corps, billes, waggons, pendules, auxquels on a imprimé un mouvement ne tardent pas, une fois abandonnés à eux-mêmes, à ralentir leur vitesse et à retomber plus ou moins promptement dans l'immobilité. — Mais voilà : un grand génie, n'importe ici son nom, s'avise un beau jour que l'idée de l'inertie de la matière, quoique peu conforme aux faits apparents, serait plus féconde pour l'intelligence de la nature, plus puissante à guider l'esprit dans l'analyse des phénomènes physiques, que les conceptions traditionnelles appuyées de l'autorité d'Aristote. Il essaye, il réussit, — et le principe d'inertie est né ; mais il faudra qu'il fasse ses preuves pendant trois quarts de siècle encore, avant que les sciences physiques le reconnaissent officiellement, par l'intermédiaire de Newton, pour une de ces lois fondamentales dont il leur est désormais interdit de s'écarter.

Il serait facile de montrer que le principe de la conservation de l'énergie, et d'autres, ont une histoire analogue. Ces grandes idées ne jouent pas d'emblée le rôle de piliers inébranlables de la connaissance positive. Elles n'arrivent que peu à peu à cette dignité, et c'est tout prosaïquement le succès qui la leur confère. D'abord simples conjectures, elles gagnent la confiance des savants par la clarté dont elles illuminent le chaos des phénomènes, la simplicité qu'elles introduisent dans la coordination des faits. Elles passent ainsi au rang de vérités que toutes les expériences tendent à confirmer ; puis elles ne tardent pas à s'élever plus haut, à revêtir une autorité supérieure aux lois inductives ordinaires, et supérieure, on peut le dire, aux faits eux-mêmes. Car un instant arrive, à partir duquel les faits observés, quels qu'ils soient, ne pourront plus leur donner tort. Une expérience, par exemple, dans laquelle on verrait une certaine quantité d'énergie disparaître sans qu'il fût possible de découvrir ce qu'elle est devenue, ou le mouvement d'un corps diminuer en l'absence de toute résistance, ne serait pas considérée aujourd'hui comme un démenti infligé aux principes de la conservation ou de l'inertie ; on préférerait se rabattre toujours sur la faiblesse humaine, et supposer soit la présence de quelque erreur d'observation inaperçue jusqu'ici — soit, qui sait ? l'existence de modes d'énergie ou de milieux résistants encore inconnus et échappant à nos moyens actuels d'investigation, — plutôt que d'élever le moindre doute sur la validité des principes eux-mêmes.

Eh bien, il me semble que c'est précisément le rôle auquel peut prétendre aujourd'hui le principe de concomitance dans la science psychologique. Lui aussi est né au cours de l'expérience, car c'est elle qui nous apprend, par exemple, que l'activité intellectuelle est accompagnée d'une production de chaleur dans le cerveau, et les émotions d'un retentissement plus ou moins marqué dans tout l'organisme. Mais il a déjà dépassé le niveau des simples vérités empiriques et acquis la valeur d'un principe, d'un axiome fondamental, constitutif, de la psychologie. Il y a peut-être beaucoup de phénomènes de conscience dont on ne réussira jamais à déterminer les conditions physiologiques précises. Mais s'autoriser de cet insuccès pour admettre qu'ils n'en ont pas du tout, ce serait pécher contre l'idée maîtresse de la psychologie expérimentale et lui tracer gratuitement des limites. Pour une science arrivée à un certain degré de développement, c'est se condamner à l'inaction, se suicider, que de mettre en doute les suppositions auxquelles elle doit ses progrès antérieurs et qui ont été le ressort inconscient de sa vie.

Voilà pourquoi, dans le domaine de la psychologie scientifique, le principe de concomitance doit être admis sans réserve. Si certains côtés ou éléments de notre vie mentale paraissent se soustraire à son autorité, le psychologue n'en conclura point qu'ils le font réellement, mais seulement que sa science est encore trop rudimentaire pour assigner leurs corrélatifs physiologiques, et il ne verra dans ces lacunes qu'un stimulant à pousser plus loin ses recherches. Et quand au bout du compte il se tromperait, quand en réalité la vie psychique serait par moments isolée de celle de l'organisme, — quel dommage résulterait-il d'avoir admis le contraire ? Qu'on relise dans La Fontaine la fable bien connue du prétendu trésor caché : il y a plus de profit à retourner consciencieusement son champ dans une poursuite chimérique qu'à le laisser en friche sous prétexte qu'on n'y trouvera rien. Mieux vaut, pour la psychologie, supposer entre l'âme et le corps plus de points d'attache qu'il n'en existe, quitte à chercher peut-être une fois en pure perte, que d'en admettre d'emblée trop peu et de rester en deçà de ce qu'on aurait pu atteindre. Défions-nous toujours, dans les sciences, des maximes de « philosophie paresseuse. »

Hâtons-nous d'ailleurs de le reconnaître : c'est moins de paresse que de scrupules moraux déplacés, qu'il faut accuser les spiritualistes enclins à restreindre le principe de concomitance au profit d'états ou d'actes purement psychiques. C'est parce que la vie supérieure de l'âme leur semble perdre sa valeur propre à ce contact trop intime avec les phénomènes organiques, qu'ils voudraient l'en affranchir. La responsabilité morale, la possibilité d'une existence future, les convictions religieuses et toute doctrine autre que le matérialisme, leur semblent succomber fatalement dans cette étroite liaison de l'esprit et du corps ; et c'est pour sauvegarder ces intérêts suprêmes de la conscience humaine que le spiritualisme s'est souvent montré récalcitrant devant l'affirmation d'un parallélisme psychophysique constant. Mais ces craintes honorables ne sont point légitimes, — pas plus d'ailleurs que la satisfaction avec laquelle les dogmatistes de l'école opposée croient pouvoir tirer de ce même parallélisme une démonstration scientifique de leurs croyances matérialistes. Ces sentiments contraires proviennent précisément de ce qu'on prête à un principe d'investigation une portée philosophique qu'il ne possède pas : ils perdent toute raison d'être sitôt qu'on se rappelle l'abîme qui sépare la science, condamnée au relatif, et la métaphysique ayant l'absolu pour objet.

En affirmant que, dans le champ de notre expérience, il faut regarder les phénomènes psychiques comme toujours associés à des phénomènes physiques, le savant ne préjuge en rien la nature intime de cette association, ni même la réalité absolue de ces deux ordres de faits. En d'autres termes, pour ce qui concerne l'*essence* de la matière, de l'esprit, et de leurs rapports, le principe scientifique de concomitance laisse libre carrière à toutes les hypothèses métaphysiques, et ne reçoit d'éclaircissement d'aucune, comme nous le verrons tout à l'heure. Il ne saurait en conséquence pas plus donner de l'ombrage aux opinions spiritualistes que fournir un appui à la thèse matérialiste, et vice versa ; de sorte que le souci des intérêts moraux de l'humanité (où que ce soit qu'on les place) ne doit retenir personne de l'adopter dans toute son étendue.

*\*
\* \*

Si l'on ne doit pas imposer de restriction au principe de parallélisme tel que nous l'avons énoncé, il faut éviter également l'erreur inverse, et bien se garder d'une généralisation imprudente qui consisterait à le retourner « par conversion simple » comme disent les logiciens, en posant que *tout phénomène physique a un concomitant psychique déterminé*. On sortirait par là des limites de la science positive, et l'on entrerait en pleine métaphysique.

Il est sans doute possible que tout événement matériel ait une doublure mentale ; mais qu'en savons-nous, et quel gain nos sciences retireraient-elles d'une pareille supposition ? Nous ne pouvons, passez-moi l'expression, nous mettre dans la peau d'un arbre, d'une pierre qui tombe, de ce candélabre, — pas même dans celle de nos semblables ! — pour constater s'ils éprouvent quelque chose, s'ils sont le théâtre d'événements psychiques à un degré quelconque. Et sans sortir de notre organisme, que de parties, que de fonctions, qui échappent souvent, sinon toujours, aux prises de notre conscience! Supposer qu'elles sont néanmoins « conscientes ; » qu'à côté de mon *moi*, il y a dans mon corps d'autres *moi* plus ou moins obscurs ; que chaque centre nerveux, chaque cellule, chaque atome peut-être, a le sien ; que la conscience en général va dans l'univers aussi loin que la vie, et la vie aussi loin que la matière, — c'est intéressant, joli, soutenable, et soutenu par beaucoup d'esprits distingués. Mais la faveur dont jouissent actuellement ces vues philosophiques ne fait pas que la science expérimentale ait rien de commun avec elles, ni le moindre profit à en attendre ; et ce serait faire métier de dupe que de transformer de telles hypothèses en principe d'investigation scientifique.

En effet, si nous avons admis, il y a un moment, à titre de maxime directrice de toute recherche psychologique, que le physique accompagne le moral plus loin que l'expérience directe ne semble l'indiquer, qu'il l'accompagne partout, — c'est que cette supposition est indispensable au progrès de nos connaissances, puisque ce n'est que par cette liaison que le mental devient accessible à l'expérimentation, à la mesure, à la science. Mais à quoi bon supposer l'inverse? Les phénomènes physiologiques, physico-chimiques, mécaniques, n'ont pas besoin, pour être connus et mesurés, qu'on leur suppose une face psychique ; bien au contraire, cette adjonction serait les charger d'un boulet fatal. La conscience est bien trop embarrassante à rattacher aux phénomènes de mouvement pour qu'on aille, *a priori* et de gaîté de cœur, obliger le savant à la supposer partout. C'est assez pour lui de la reconnaître quand il ne peut faire autrement, c'est-à-dire là où elle s'impose soit à l'observation directe, en nous-mêmes ; soit en vertu d'un inévitable raisonnement d'induction, chez nos semblables, chez les animaux... Si, de fil en aiguille, entraînés par une analogie décroissante mais continue, nous sommes contraints d'en admettre la présence réelle ou virtuelle jusque dans la matière inorganique, ce sera toujours assez tôt pour nous occuper de concilier cela avec les autres propriétés de la matière ; mais ce n'est pas d'emblée, sous forme d'un principe universel, qu'il convient d'énoncer ce qui n'est que le résultat d'une induction plus ou moins aventureuse.

\*\*

On peut dire en résumé que le principe de parallélisme, fondement de la Psychologie expérimentale, suppose sous tout phénomène de conscience un corrélatif physiologique, parce que la psychologie, pour devenir une science positive, doit devenir autant que possible *physiologique*.

Mais il ne suppose point que tout phénomène physiologique ait un corrélatif psychique, parce que la Physiologie, elle, n'est aucunement tenue, ni même intéressée, à devenir psychologique. Son progrès consiste bien au contraire à se rapprocher des sciences physico-chimiques ; et son idéal, comme celui de ces dernières, serait de n'être plus en définitive qu'une branche de la mécanique.

## 3. De l'Axiome d'Hétérogénéité ou Principe de Dualisme psychophysique.

Abordons maintenant le point essentiel de notre étude, le rôle de garde-fou que le principe de la psychologie expérimentale doit jouer à l'égard de cette science le long des abîmes de la métaphysique.

\*\*

Toutes les sciences en rencontrent à leurs débuts, de ces précipices capables d'arrêter pour toujours leur marche si elles voulaient commencer par les combler ou simplement en mesurer la profondeur. Car c'est le propre de nos notions fondamentales, qui sont le point de départ obligé et comme la matière première de tout travail scientifique, de n'offrir qu'un tissu de contradictions lorsqu'on les regarde d'un peu près, et de jeter dans d'inextricables difficultés l'esprit qui entreprend de les analyser. Aussi l'expérience a-t-elle montré que le seul moyen de salut pour une science qui veut vivre est de ne point s'attarder à contempler ces crevasses sans fond, mais de sauter lestement par-dessus et d'aller de l'avant. Où en seraient la géométrie et la mécanique, par exemple, si pour énoncer le moindre théorème il leur avait fallu tirer au clair la nature véritable de l'Espace, du Nombre, du Temps ! Où serait le calcul infinitésimal et avec lui une belle portion de nos machines et de notre industrie, si avant de l'adopter on avait dû attendre la réfutation de toutes les objections faites aux « infiniment petits ! » Et que serait-il advenu des sciences physiques et naturelles si l'on eût exigé des savants qu'ils se missent au préalable d'accord sur l'essence véritable de la Matière et de la Force, sur la nature ou l'origine de la Vie !

C'est en grande partie pour s'être amusés à creuser des problèmes de ce genre que ni l'antiquité ni le moyen âge n'ont fondé de sciences durables, en dehors de quelques branches des mathématiques. La connaissance positive de la nature n'a commencé que le jour où les chercheurs ont pris le parti d'abandonner aux philosophes l'honneur de scruter le dernier fond des choses et des idées, pour s'en tenir modestement à la couche, superficielle mais moins périlleuse, des phénomènes observables.

La psychologie se trouve dans le même cas que ses sœurs aînées. Son terrain est, peut-être plus encore que le leur, coupé de fondrières métaphysiques ; car à tous les problèmes que soulèvent d'une part les notions de matière et de vie, et de l'autre celle d'esprit ou conscience, vient s'ajouter ici une énigme spéciale qui combine les précédentes, — celle de l'union de l'âme et du corps, du commerce et de l'action réciproques de ces deux moitiés de notre être.

*<br>* *

Comment deux choses aussi opposées que l'esprit et la matière, le physique et le moral, peuvent-elles se trouver en relation et influer l'une sur l'autre? C'est ce que personne n'a encore expliqué, et les plus subtils penseurs ont inutilement dépensé toutes les ressources de leur génie à la solution de cet irritant problème. Qu'aujourd'hui la philosophie continue à le sonder, c'est son métier. Mais si la psychologie cédait à cette tentation, c'en serait fait pour elle de tout progrès. Elle ne peut avancer, subsister même en tant que science, qu'à la condition expresse de passer tout droit, sans plus s'inquiéter de ce mystère que s'il n'existait pas. Mais on comprend qu'il ne soit point aisé d'emblée d'ignorer ainsi un point d'interrogation qui se pose à chaque pas. C'est un pli à prendre, il y faut du temps. Aussi est-il bon qu'en attendant de s'y être habituée la science naissante trouve dans son principe fondamental lui-même un incessant rappel à l'ordre, et l'avertissement d'avoir à tourner résolument le dos à la métaphysique.

Cet avertissement est déjà contenu dans les termes mêmes de *concomitance, accompagnement, parallélisme* et autres équivalents souvent employés pour désigner le principe qui nous occupe. De même que deux lignes parallèles ou deux personnes qui se promènent ensemble restent distinctes et séparées, et poursuivent leur marche de compagnie sans se confondre ni se rencontrer, de même aux yeux de la psychologie expérimentale la série des faits psychiques et la série des événements physiologiques, en se déroulant côte à côte, restent toujours différentes, distinctes, sans points de contact, sans influence mutuelle concevable. Elles sont simultanées, c'est-à-dire ont un rapport de temps, mais c'est tout; aucun rapport saisissable d'action ni de nature, — elles sont hétérogènes.

Il y a avantage, pour mieux mettre en relief ce corollaire si important du principe de parallélisme, à le formuler à part, comme une vérité indépendante, sous le nom d'Axiome d'Hétérogénéité ou Principe de Dualisme : Le corps et l'esprit, la conscience et le mouvement moléculaire cérébral, le fait psychique et le fait physique, tout en étant simultanés, sont hétérogènes disparates, irréductibles, obstinément DEUX.

Cela est évident de soi, axiomatique. Tout événement physique, chimique, physiologique, ne consiste en dernier ressort pour la science que dans le déplacement plus ou moins rapide d'un certain nombre d'éléments matériels, dans un changement de leurs distances mutuelles ou de leur mode de groupement. Or qu'y a-t-il de commun, je vous le demande, quelle analogie apercevez-vous entre ce rapprochement ou cet écartement de masses matérielles dans l'espace, et le fait d'avoir un sentiment de joie, le souvenir d'un ami absent, la perception d'un bec de gaz, un désir, une volonté quelconque ? — Tout ce qu'on peut dire pour relier ces deux événements si absolument dissemblables, c'est qu'ils ont lieu *en même temps* : au moment où dans un recoin déterminé de mon cerveau un certain nombre d'atomes de carbone, oxygène, phosphore, hydrogène, se séparent pour se grouper différemment ou se précipiter sur d'autres..... à ce moment précis j'éprouve ce fait indéfinissable que j'appelle bonheur, souvenir, sensation de blancheur, etc. Cette simultanéité est justement ce qu'exprime le principe de concomitance ; mais sauf cela, il n'y a aucun élément commun, aucune ressemblance qualitative entre ces deux phénomènes, danse d'atomes d'un côté, sentiment ou idée de l'autre. Cela n'a pas de sens de vouloir les réduire à l'unité, ou les attacher ensemble par un lien de causalité. Il y a entre eux un abîme infranchissable pour notre pensée, un hiatus absolu. Tout ce que la science peut se proposer, c'est de découvrir les lois de leur parallélisme, c'est-à-dire de chercher quelle suite déterminée de mouvements moléculaires, quelle décomposition chimique, quel tourbillonnement d'atomes, répond dans le cerveau à un fait de conscience donné, sans qu'il lui soit possible de concevoir aucune connexion réelle, aucun rapport interne, entre ces deux choses disparates.

On ne saurait trop le redire : toutes les suppositions émises sur la raison d'être de cette simultanéité et la nature du lien qui peut bien unir l'un à l'autre ces deux événements hétérogènes, sont également inintelligibles et l'on n'en a que faire dans le domaine de la psychologie expérimentale. Celle-ci s'en

tient, par la force des choses et la constitution même de l'entendement humain, à un dualisme insurmontable : D'un côté,
dans mon cerveau, les mouvements matériels qu'un observateur
externe, que vous, par exemple, pourriez voir si vous aviez des
yeux ou un microscope assez perfectionnés; — de l'autre, en
*moi*, des états de conscience que j'éprouve, mais que vous,
observateur externe, vous ne pourrez jamais constater directement, car toute entrée dans mon for intérieur vous est refusée.

Ou bien croyez-vous peut-être que lorsque, réduits par la
baguette d'une fée à des dimensions infinitésimales et empor-
tés sur les ailes d'un fluide magique quelconque, vous pourriez
venir vous promener dans mon cerveau comme vous le faites
dans une forêt ou une fabrique, — croyez-vous que vous risque-
riez d'y rencontrer autre chose que des atomes en vibration ou
des vagues d'éther, c'est-à-dire toujours de la matière en mouvement et rien de plus ? Croyez-vous qu'il vous serait enfin
donné d'y apercevoir immédiatement *mes états* de conscience,
— qu'au détour d'une molécule vous pourriez vous trouver face
à face avec *ma sensation* de blancheur, ou que d'un groupe
d'atomes vous verriez jaillir *mon regret* de n'avoir plus vingt
ans ?

Ou encore, — à supposer (cela n'a rien de contradictoire) que
notre globe, les planètes, le soleil et tous les astres visibles
soient simplement les éléments constitutifs de quelque gigan-
tesque cerveau capable de penser, sentir, et vouloir comme le
nôtre, — vous représentez-vous nos astronomes découvrant un
jour au bout de leur lunette une *douleur* en train de se promener de la terre à la lune, ou assistant à la naissance d'un *désir*
dans la constellation d'Hercule, à un enchaînement d'*idées* le
long de la voie lactée ? — Vous souriez à de pareilles niaiseries ;
car douleurs, désirs, idées, états psychiques de tout genre, ne
sont point choses tombant sous l'observation externe et se con-
statant dans l'espace. Mais c'est justement là qu'est le mystère :
pourquoi donc les mouvements moléculaires ou atomiques de
mon cerveau s'accompagnent-ils de quelque chose d'un tout
autre ordre, de *mes faits de conscience* ? Cette question reste
sans réponse.

Aux yeux de la science expérimentale, le dualisme psycho-physique est donc une donnée ultime, inexplicable. — Et c'est en même temps l'énigme que, pour rester indépendante, la psychologie doit lancer à la tête des philosophes, avec promesse de se rendre à qui lui en fournira une solution compréhensible, mais bien décidée à conserver sa liberté tant qu'on ne la paiera que de mots creux et vides de sens. Les systèmes de métaphysique sont nombreux, et l'on sait que chacun possède une fausse clef secrète de la porte ouvrant sur l'absolu; mais comme, en dépit de ce privilège, nul d'entre eux ne réussit à jeter le moindre jour sur le mystère qu'il s'agirait d'éclaircir, et que bien au contraire tous finissent par avouer d'une manière détournée leur ignorance en ce point, la psychologie peut croître et prospérer tranquille, certaine de ne plus se laisser enrôler alternativement, comme ce fut le cas jusqu'ici, sous les drapeaux les plus divers, matérialiste, spiritualiste, idéaliste, etc.

Rien ne corrobore mieux l'irréductibilité du dualisme psycho-physique que cet insuccès de toutes les tentatives faites pour l'expliquer ou le supprimer. Aussi leur rapide examen nous fournira-t-il une excellente confirmation de la neutralité philosophique qu'assure à notre science l'axiome d'hétérogénéité.

# CHAPITRE II

## Des principales Hypothèses métaphysiques sur l'union de l'Ame et du Corps.

Il ne saurait être question de nous livrer ici à une revue détaillée des innombrables théories auxquelles le fait de notre double nature a donné lieu. Mais toute cette diversité se laisse facilement embrasser dans un nombre restreint de groupes ou types généraux, que la logique permet de réduire à quatre.

En effet, nous sommes en présence de deux choses, l'esprit et le corps, que l'expérience nous montre différentes mais unies. Le plus simple est de les accepter comme telles, et d'essayer d'expliquer leur union. C'est ce que fait le *Spiritualisme,* qui attribue une égale réalité aux deux éléments de notre être et reçoit parfois pour cette raison le nom de dualisme. (Il importe de ne pas confondre ce dualisme *métaphysique,* consistant dans l'admission de deux SUBSTANCES ou réalités en soi, avec le dualisme *psychophysique, scientifique,* qui s'en tient à la reconnaissance de deux catégories de PHÉNOMÈNES et ne s'inquiète pas de savoir s'il y a, ou non, des substances réelles cachées dessous).

Si maintenant l'on ne veut pas de ce premier parti, ou s'il se trouve, après l'avoir pris, que la matière et l'âme conçues comme également réelles ne se prêtent à aucun rapport intelligible, il ne reste qu'un moyen de supprimer l'abîme qui les sépare : c'est de renoncer précisément à les concevoir comme également réelles, et de ne plus admettre qu'une seule et

unique existence là où le sens commun et les sciences particulières croient en apercevoir deux.

Ce moyen énergique, radical, qui consiste à rabaisser au
rang de simple apparence ce qui passait jusque-là pour une
réalité, se subdivise d'ailleurs suivant qu'on l'applique à l'un
des termes, ou à l'autre, ou encore aux deux à la fois. Il n'y a
que ces trois alternatives de possible, et toutes trois ont été
tentées. Par opposition au dualisme spiritualiste, elles mérite-
raient toutes le nom de monisme ; mais il est plus particulièrement réservé à l'une d'entre elles. Celle qui nie la réalité de
l'esprit et prétend le ramener à la matière, s'appelle le *Matérialisme*. Celle qui fait l'inverse et réduit la matière à n'être
qu'une idée ou une collection de phénomènes de conscience, a
reçu le nom d'*Idéalisme* ou *Phénoménisme*. Enfin celle qui
prend le parti de supprimer également les deux termes, en ne
les considérant que comme deux apparences, deux aspects
d'une seule et même réalité fondamentale différente en soi de
chacun d'eux, se nomme spécialement le *Monisme*.

Spiritualisme, Matérialisme, Phénoménisme et Monisme, telles
sont donc les quatre grandes doctrines métaphysiques que nous
allons interroger sur l'union de l'âme et du corps.

## 1. Du Spiritualisme.

A tout seigneur tout honneur. Commençons par l'hypothèse
qui fut celle de Socrate et de Platon, des Pères de l'Église et
de Descartes, et qui a encore pour elle le témoignage du sens
commun chez tous les peuples.

Dans la vie ordinaire nous nous conduisons et nous parlons
comme si l'esprit et le corps agissaient et réagissaient continuel-
lement l'un sur l'autre, tout en conservant chacun sa réalité
propre. Il faut convenir que cette croyance répond assez bien à
l'expérience vulgaire, quotidienne, qui nous montre sans cesse
l'état de l'organisme influant sur les dispositions morales ou le

cours des idées, et réciproquement les mouvements de l'âme, la joie et le chagrin, les passions et la volonté, déployant leurs effets ou exerçant leurs contre-coups dans l'organisme.

Mais, à la réflexion, cette conception si simple en apparence ne tarde pas à s'embrouiller singulièrement et aboutit très vite à une impasse. L'histoire de la philosophie moderne nous en fournit un éclatant exemple dans l'évolution que l'école spiritualiste a parcourue dans le courant du XVII^me siècle, et l'impossibilité où elle s'est trouvée dès lors de faire avancer d'un cran, sans se renier elle-même, la question du commerce de l'âme et du corps. Retraçons à grands traits cet enchaînement d'idées.

*\*

Descartes plaçait l'âme immatérielle, principe de tous nos états de conscience, au milieu du cerveau, dans un petit organe impair de la grosseur d'un pois, la glande pinéale. Là, comme une araignée au centre de sa toile, elle recevait les chocs ou ébranlements que les nerfs lui transmettaient de la périphérie, et de là aussi elle réagissait selon son libre choix sur d'autres nerfs qui allaient faire mouvoir les muscles. C'était fort simple. Restait seulement à comprendre comment une substance *immatérielle* pouvait être atteinte, secouée, par des chocs *matériels*, et de plus les renvoyer. Descartes, qui avait lui-même placé l'essence de la matière dans l'Étendue (laquelle comprend aussi, chez lui, la mobilité et l'impénétrabilité) et celle de l'âme dans la Pensée (en un sens très large, embrassant non seulement les pensées proprement dites, mais les sensations, les désirs, etc., bref tout ce que nous appelons aujourd'hui phénomènes de conscience ou psychiques) — Descartes a bien éprouvé quelque peine à concevoir le commerce, la rencontre, de ces deux choses essentiellement différentes. Mais il ne creusa pas autrement cette difficulté.

Ce furent ses disciples qui la mirent en pleine lumière. Par une nécessité irrésistible, ils furent contraints de s'avouer à eux-mêmes que l'âme qui n'est pas un morceau de matière dans l'espace, et le corps ou les atomes qui ne sont que cela, ne sauraient naturellement se rencontrer, se heurter, se modifier mutuellement ; et pour rendre compte de cette action dont la vie de chaque jour nous apporte mille preuves indéniables, ils n'eurent d'autre ressource que d'invoquer le surnaturel. Cet appel à l'*Assistance divine* se présenta successivement sous deux formes principales.

D'abord on fit intervenir Dieu à chaque instant. Toutes les fois, pensaient Geulincx et Malebranche, que mon corps est ébranlé par son contact avec les choses extérieures, le Créateur suscite en mon âme la sensation corrélative ; et toutes les fois que je veux réagir, c'est encore lui qui produit dans mon organisme les mouvements répondant à mes intentions. C'est grâce à ce miraculeux secours que mon bras se lève juste au moment où je veux qu'il le fasse. Il ne faut donc point regarder les modifications corporelles comme la cause directe et immédiate de nos sensations et perceptions, pas plus que nos désirs et volontés comme la cause des mouvements des membres ; la seule cause réelle et véritable est toujours Dieu, qui agit sur chacune des moitiés de notre être à l'occasion de ce qui se passe dans l'autre. De là le nom d'*Occasionalisme* donné à ce système.

Ce rôle d'intermédiaire, de factotum, dévolu à l'Être souverain, ce miracle perpétuel se répétant dans les plus infimes détails de la vie journalière de chacun de nous, ne laisse pas que de présenter quelque chose de choquant. La métaphysique de Leibnitz, systématisée par Wolff, y remédia en plaçant l'intervention divine au début des choses seulement : un miracle accompli une fois pour toutes, dans l'acte même de la création, n'est presque plus un miracle, puisqu'on n'est pas exposé du moins à le retrouver dans le cours actuel du monde. Dans cette seconde forme de l'appel à l'Assistance divine, l'âme et le corps, sans exercer aucune action l'un sur l'autre, sont cependant dans une constante et parfaite harmonie, parce qu'ils ont été créés au commencement de façon à se développer dans un complet parallélisme, semblables à deux horloges indépendantes, mais qu'un habile artisan aurait construites et réglées de manière à rester toujours d'accord, l'une sonnant les heures à l'instant où l'autre les marque. C'est donc uniquement en vertu de sa structure intime et des lois propres que Dieu a dès l'origine prescrites à son développement, que mon corps, comme un automate bien combiné, lève maintenant le bras juste au moment où mon âme, par suite aussi de son évolution naturelle, en vient à désirer ce mouvement. Et si je me fais mal en laissant mon poing retomber lourdement sur le pupitre, il n'y a pas pour cela relation causale entre ce choc et ma douleur : cette dernière est née spontanément dans mon âme à l'instant où ma main a heurté le bois, parce que, de toute éternité, le cours des états psychiques d'une part, et les rencontres des choses matérielles de l'autre, ont été préordonnés de façon à se correspondre exactement malgré leur indépendance réciproque absolue.

\*
\*\*

Cette doctrine de l'*Harmonie préétablie*, non moins que l'Occasionalisme, nous paraît volontiers enfantine et ridicule. Mais n'oublions pas qu'un système philosophique issu de cerveaux tels que ceux d'un Malebranche ou d'un Leibnitz, est un tout qu'on ne doit pas juger sur un fragment détaché. Pour saisir le véritable esprit, le sens caché et comme le parfum subtil d'une métaphysique, il faut l'envisager dans son ensemble, et surtout dans ses racines, dans le sentiment intime qui l'inspire. Ce sont en effet toujours des sentiments, des besoins profonds de l'âme humaine, intellectuels, moraux, religieux, esthétiques, qui servent de principes et de sources aux grandes conceptions, j'allais dire aux grandes épopées, philosophiques. La justification — ou l'excuse — d'une théorie qui, vue du dehors et comme isolée de son contexte, semble absurde ou puérile, se trouve souvent tout au fond, dans la valeur affective, émotionnelle, qu'elle possédait aux yeux de son auteur.

Pour Malebranche, par exemple, c'est mû par un sentiment religieux intense, celui de la Toute-présence et de la Toute-puissance divines, qu'il est arrivé, sur le point spécial des rapports de l'âme et du corps, à sa doctrine des Causes occasionnelles.

Quant à Leïbnitz, il ne faut pas oublier qu'à strictement parler la difficulté de concilier l'esprit et la matière, tels qu'on les entend vulgairement, n'existe pas pour lui, puisque dans sa philosophie les choses que nous appelons *matérielles* ne le sont qu'en apparence : au fin fond, dans la réalité absolue, elles se trouvent formées de *monades* dont l'être consiste en perceptions et désirs plus ou moins obscurs, c'est-à-dire de petites âmes qui ne diffèrent pas en nature de la nôtre. Le problème, spécial à la psychologie, des rapports de l'âme et du corps, est donc remplacé dans la Monadologie par le problème universel du commerce des substances (toutes spirituelles) entre elles. — Or c'est ici qu'intervient chez Leïbnitz un sentiment tout aussi puissant que celui de Malebranche, mais plutôt esthétique que religieux cette fois. Le sentiment de l'ordre universel des choses, de la beauté infinie et de la perfection de l'univers, voilà ce qui lui a dicté cette grandiose conception de l'Harmonie préétablie, c'est-à-dire d'un monde où toutes les créatures se développent dans une pleine indépendance, sans cesser néanmoins de présenter entre elles une parfaite adaptation ; concordance d'autant plus magnifique précisément qu'elle est libre pour ainsi dire, puisque c'est de soi-même, en obéissant uniquement à sa propre nature, et sans subir aucune contrainte de la part de ses voisins, que chacun fait sa partie dans cet admirable concert. L'espèce de coercition qu'implique le commerce réciproque des êtres répugnait à Leïbnitz. Il trouvait plus de satisfaction, partant plus de vérité (car en matière philosophique le vrai consiste pour tout homme en ce qui le satisfait le mieux), dans cette idée d'un monde formé d'innombrables monades reproduisant chacune sous son angle particulier, mais en pleine autonomie, l'image de l'ensemble. Le merveilleux concours de tous les éléments de l'univers en une harmonie totale devait à ses yeux découler de l'unité de la pensée créatrice elle-même, et non point résulter d'une sorte d'engrenage mécanique dont la brutalité eût été indigne du meilleur et du plus beau des mondes possibles.

Cette profondeur de vue qui, chez Leibnitz lui-même, confère à l'harmonie préétablie la sublimité d'une doctrine métaphysique universelle, disparaît chez son disciple et continuateur Wolff. Un bien honnête homme, mais incapable de planer si haut que son maître. Il ne nous en intéresse que davantage ici, parce qu'au lieu de cet idéalisme qui dissout le corps en petites âmes et que nous retrouverons plus loin, il rétablit le franc spiritualisme dont nous suivons l'évolution : pour lui, la matière est redevenue tout bêtement celle des physiciens, formée non pas de monades spirituelles, mais de beaux et bons atomes qui ne pensent pas du tout et ne font que se mouvoir dans l'espace. En même temps l'harmonie préétablie retombe au rang d'hypothèse destinée simplement à expliquer les rapports de l'âme et du corps ; mais comme elle le fait en recourant à la Toute-puissance créatrice, elle constitue du même coup de la part de la philosophie spiritualiste un aveu final d'impuissance devant ce mystère.

\*\*\*

Il ne faut pas se dissimuler en effet qu'invoquer Dieu pour expliquer un fait équivaut à déclarer le fait inexplicable. Le recours à la divinité ou au Principe Premier, quel qu'il soit, en matière de connaissance, est toujours un acte de désespoir et le symptôme non équivoque d'une limite de nos facultés intellectuelles. C'est lorsqu'on se demande pourquoi et comment il se fait qu'il existe quelque chose plutôt que rien, et ceci plutôt qu'autre chose, — pourquoi la matière, le mouvement, l'espace, le temps, la vie, la pensée... plutôt que le néant ou tout autre sorte de réalité, — c'est alors que, n'apercevant aucune nécessité logique à ces données contingentes de l'expérience, les uns croient se tirer d'affaire en disant *cela est ainsi parce que Dieu l'a voulu*; tandis que les autres trouvent plus simple de reconnaître que *cela est ainsi parce que cela est ainsi*. Deux réponses absolument équivalentes en tant qu'explications. Si la première satisfait mieux le cœur et la conscience en mettant au-dessus et à l'origine du monde un Être dont la nature répond à nos aspirations morales et à nos besoins de justice ou d'amour, elle n'offre aucun avantage sur la seconde au point de vue de l'intelligence pure. Car la question n'est que reculée et se pose derechef à l'égard de ce Dieu : pourquoi et comment se fait-il qu'il y ait, plutôt que tout autre chose ou rien du tout, un Être souverainement juste et bon qui a créé l'univers et le conserve par sa volonté puissante ? A quoi il faut bien définitivement répondre que nous n'en savons rien ou que cela est ainsi parce que cela est ainsi. Solution qu'il eût été plus court d'accepter d'emblée au sujet de l'univers lui-même, au lieu de compliquer gratuitement le mystère de son existence de celui de la création : on eût fait ainsi l'économie d'un miracle, ce qui n'est jamais à dédaigner.

De même en est-il pour l'énigmatique corrélation de la vie psychique et de la mécanique cérébrale. L'accord que nous voyons régner entre ces deux domaines hétérogènes et sans passage concevable de l'un à l'autre, est un fait ultime de la réalité telle qu'elle se présente à nous. C'est mettre un mot à la place d'une idée que de prétendre l'éclaircir par l'intervention du Tout-Puissant ; à supposer que ce détour offre un avantage moral ou religieux quelconque, ce qui est fort contestable, il ne contribue en tout cas pas à l'intelligence scientifique des choses. Car on n'est pas plus avancé en attribuant à Dieu lui-même le commerce apparent de l'âme et du corps qu'en disant simplement avec la science expérimentale : « Les états de conscience sont régulièrement accompagnés de phénomènes physiques déterminés, mais ces deux catégories de faits sont irréductibles l'une à l'autre. »

\*\*\*

Depuis qu'il est tombé dans le cul-de-sac de l'harmonie préétablie, le spiritualisme n'est jamais parvenu à s'en sortir qu'au prix d'un jeu de mots ou d'une abdication.

Le jeu de mots consiste dans le raisonnement suivant : « Vous dites ne pas comprendre que le corps et l'esprit puissent agir l'un sur l'autre parce qu'ils sont de nature trop différente ! Mais c'est justement là qu'est l'erreur, ils ne sont pas si différents que ça. Ne savons-nous pas que pour les physiciens eux-mêmes l'essence du corps consiste dans la *Force ?* Or l'esprit aussi est une *Force,* témoin l'expérience directe que nous faisons sans cesse de notre effort volontaire. Ainsi donc, force contre force, il n'y a rien d'impossible à ce que l'âme et la matière réagissent l'une sur l'autre. »

Ce judicieux procédé pour rendre à nos deux moitiés le commerce naturel, l'*influx physique,* que Malebranche et Leïbnitz leur refusaient, a déjà été employé au siècle dernier par des penseurs dissidents de l'école de Wolff ; et sous des modifications diverses il est resté en faveur jusqu'à nos jours dans la philosophie spiritualiste. Malheureusement, s'il est aisé d'appliquer le mot de Force à l'âme et à la matière, il l'est moins de mettre sous ce mot une définition réelle qui convienne également aux deux choses. Qu'appelez-vous *Force ?* Toute cause de changement ? Mais les changements sont précisément si divers qu'il reste douteux qu'un même genre de force les puisse expliquer tous. Pour les sciences de la nature extérieure, tout changement porte sur l'état de *mouvement* des corps, c'est-à-dire sur la direction et la vitesse de leurs déplacements respectifs, — et la force se mesure à l'accélération des masses matérielles. En psychologie au contraire, tout changement est une modification dans l'état de *conscience.* Mais nous voilà ramenés devant l'éternelle difficulté : comment concevoir que deux événements aussi disparates que la variation de vitesse d'une masse dans l'espace, et une modification psychique, puissent être cause ou effet l'un de l'autre, ou tous deux effets d'une même cause ? Lorsque ma sensation de rouge fait place à celle de bleu, ou quand je me décide à fermer volontairement l'œil gauche, je veux bien qu'il y ait en même temps changement de vitesse et de groupement dans mes atomes cérébraux ; mais je ne comprends pas du tout comment ces événements parallèles peuvent se déterminer mutuellement, — comment le ralentissement d'un atome, par exemple, pourrait obliger ma force-âme à voir bleu au lieu de rouge, ou comment ma volonté agirait sur les forces physico-chimiques de façon à hâter la décomposition d'une molécule nerveuse.

Si donc on dit que l'âme et la matière sont également *forces*, il faut, pour que cela ait un sens, compléter par la pensée ce terme générique en lui ajoutant les caractères spécifiques des deux idées : l'Ame est une force *pensante, sentante, voulante,* etc.; la Matière est une force *motrice dans l'espace.* Mais alors le problème reparaît intact ; et l'on s'aperçoit que prouver la communauté de nature de deux choses en passant simplement sous silence leurs propriétés distinctives inaliénables, est un moyen commode — et légèrement sophistique !

Mais on revient à la charge. « Il n'est pas vrai, dit-on, que nous connaissions l'essence des forces physiques, gravitation, affinité chimique, électricité, etc. La cause qui tend à précipiter la terre sur le soleil, la limaille de fer contre l'aimant, ou l'oxygène et l'hydrogène l'un vers l'autre, reste un mystère pour l'astronome, le physicien et le chimiste. Qu'est-ce qui nous empêche donc d'admettre que ces forces, et toutes les autres qui peuvent s'exercer dans le cerveau, sont en réalité de même nature que celle de l'âme ? »

Soit, spéculons sur l'inconnu, et va pour l'identification des forces physiques dans leur essence dernière avec des forces psychiques. Mais nous allons en être réduits à piétiner sur place ou à renoncer au spiritualisme proprement dit. De deux choses l'une en effet :

Ou bien on se représente les forces physiques d'après ce que l'on sait de la force psychique, c'est-à-dire d'après les données de l'observation interne. Alors on concevra les forces attractives, je suppose, comme dues à une sorte d'affection des atomes les uns pour les autres, et les répulsives comme naissant de leurs antipathies : en un mot, voilà les éléments de la matière dotés de petites âmes analogues à la nôtre. Mais du même coup le problème qui nous tourmentait, celui du commerce de notre âme et de notre corps, surgit à nouveau au sujet de ces êtres minuscules. Comment, dans les atomes, concevoir l'union de leurs modifications internes, mentales, et de leurs états externes, distances et vitesses par rapport aux autres atomes ? Si c'est l'amour et la haine, comme chez le vieil Empédocle, qui règlent leurs mouvements, qu'on explique donc comment ils s'y prennent pour se reconnaître et se distinguer, se chercher ou se fuir ?

Maman, les petits bateaux qui vont sur l'eau ont-ils des jambes...

Et les petits atomes qui voient dans le vide ont-ils des yeux ?... Je vous laisse poursuivre en imagination cette série d'intéressants problèmes qui se reproduiront à l'infini. Quoi qu'on fasse, le trait d'union entre les relations extrinsèques des éléments matériels (c'est-à-dire leurs distances géométriques et la variation de ces distances) d'une part, — et d'autre part les états psychiques que l'on suppose en eux — reste incompréhensible. S'il y a en fait, entre ces deux ordres de modifications disparates, un parallélisme régulier, sa raison d'être nous échappe, et de nouveau il faut renoncer à l'expliquer, ou ce qui revient au même l'expliquer par l'assistance divine. Nous voilà revenus à notre point de départ ; nous n'avons fait que tourner en rond.

Ou bien au contraire on va jusqu'au bout, et l'on abolit complètement la notion vulgaire des forces *physiques* en déclarant illusoires tous ces caractères externes que nous, spectateurs du dehors, nous prêtons aux atomes. « Dans la réalité absolue, pense-t-on, il n'y a plus d'espace, de mouvement mécanique, de matière, ni par conséquent de forces physiques ; ce ne sont là que des apparences sans fondement en soi, et la seule chose qui existe véritablement, ce sont les forces psychiques, les consciences, — ou peut-être la FORCE tout court, unique, dont l'essence impénétrable se dérobe à nos yeux sous les deux aspects opposés du mouvement spatial et du phénomène mental. Par conséquent, le rapport d'une âme et d'une matière hétérogènes n'est qu'un problème fictif. »

Je le veux bien. Seulement nous nous trouvons ici avoir complètement abandonné le spiritualisme et glissé dans l'idéalisme ou le monisme par la même pente logique qui, historiquement,

a fait aboutir la philosophie de Descartes d'un côté à la monadologie leibnitzienne, de l'autre au panthéisme de Spinoza. Cela
prouve assez que le dualisme métaphysique n'est pas à la hauteur de ses prétentions, et qu'il échoue totalement dans sa
tentative d'expliquer le mystérieux commerce de l'âme et du
corps.

## 2. Du Matérialisme.

Le matérialisme pur, authentique, admet qu'il n'existe véritablement qu'une seule chose, la matière divisée en innombrables corpuscules élémentaires qui se meuvent dans l'espace, se
choquent, s'agglomèrent et par leurs groupements variés constituent dans le cours du temps tous les êtres de l'univers.

*\*\**

Remarquez que les catégories auxquelles se réduit ce système
sont précisément les notions fondamentales des sciences de la
nature : le temps, l'espace, les masses en mouvement, c'est
bien ce qu'on trouve au fond des théorèmes de la mécanique,
et ce à quoi la physique, la chimie, même la biologie, rêvent de
ramener un jour tous les phénomènes complexes qu'elles obser-
vent. Un vaste enchevêtrement de mouvements de corps petits
ou gros, c'est tout l'Univers pour les sciences naturelles, toute
la Réalité pour le matérialisme.

Ce rapprochement nous éclaire sur ce qu'il y a de très légitime dans cette philosophie. De même que les conceptions spiritualistes de Malebranche ou de Leibnitz naissent de besoins
moraux, religieux, esthétiques, de même le matérialisme naît
du besoin intellectuel, scientifique, de se représenter nettement
et distinctement les choses qui nous entourent. C'est l'instinct
puissant des conditions mêmes de toute connaissance positive
du monde externe, qui se traduit dans la métaphysique de
Démocrite ou d'Épicure. Cela explique les apparitions histori-

ques du matérialisme : on le voit généralement surgir comme une réaction contre le règne trop exclusif des tendances idéalistes ou mystiques, qui menacent d'envahir le domaine de la science et de compromettre ses recherches ; il est une revanche de l'intelligence claire et distincte sur les idées troubles, une revendication des droits de l'expérience contre les abus de l'imagination. Dans notre siècle, par exemple, ce sont les excès de la grande école idéaliste allemande, les rêveries de Schelling et de Hegel, qui ont suscité le matérialisme de Büchner et de Moleschott.

Voilà ce qui à la fois justifie dans une certaine mesure la philosophie matérialiste, et la condamne au delà. En tant que *matérialiste,* et limitée au champ de l'observation externe, elle a pleinement raison dans sa réduction idéale de tous les phénomènes à des déplacements d'éléments matériels. Mais en tant que *métaphysique* prétendant prononcer sur l'essence dernière des choses, elle tombe sous le coup d'une double critique : elle est parfaitement sujette à caution, car elle ne prouve nulle part (comment d'ailleurs le prouverait-elle !) que les conditions de notre connaissance du monde physique — les représentations d'espace, temps, atomes en mouvement — soient bien, comme elle le suppose, l'expression adéquate, le fidèle décalque de l'absolue réalité ; — et ensuite elle échoue au seuil de l'observation interne qui nous met en face d'idées, de sensations, de désirs, bref de phénomènes de conscience, lesquels *comme tels* ne sont pas des mouvements matériels. Ce second point nous ramène à notre sujet, la façon dont cette doctrine se comporte à l'endroit des faits d'ordre mental.

\*\*

Le seul parti vraiment logique pour un matérialiste conséquent, consisterait à passer sous silence les phénomènes psychiques, et quand on les lui rappelle avec trop d'insistance, à les nier effrontément. Mais en pratique ce serait se mettre en contradiction par trop flagrante avec les données les plus immédiates de l'expérience vulgaire. Car enfin, si le monde ne renfermait que des pierres ou des plantes, il se pourrait que les atomes seuls le constituassent par leurs façons diverses de se mouvoir et de se grouper; à la rigueur, on pourrait encore considérer les animaux, à l'exemple de Descartes, matérialiste tout cru sur ce point, comme de pures machines dépourvues de phénomènes de conscience. Mais les hommes sont là, y compris les philosophes matérialistes eux-mêmes, qui tout le long du du jour et de la vie traversent des douleurs et des joies, éprouvent des sensations, comparent des idées et défendent leurs systèmes, — toutes sortes de choses qui ne sont point des aggrégats d'atomes. « Si la *matière* existait seule, le *matérialisme* n'existerait pas » disait un jour M. Ernest Naville avec autant de finesse que de profondeur. Il est clair en effet que par le simple fait d'avoir une doctrine sur ces sujets, on reconnaît implicitement qu'il y a autre chose au monde que des éléments matériels oscillant dans l'espace — quand ce ne serait que la *représentation* ou l'*idée* de ces éléments !

Pour se tirer d'affaire, le matérialisme recourt ordinairement à trois expédients successifs qu'un critique ayant mal déjeuné pourrait qualifier de sophisme grossier, de misérable fauxfuyant et d'apostasie, mais où il est plus charitable de voir simplement une triple reconnaissance, mal déguisée et à contrecœur, de l'irréductible dualisme qui nous occupe.

Le sophisme consiste à passer du principe de parallélisme à l'affirmation d'une identité entre les deux séries parallèles. « Puisque la pensée *est toujours accompagnée de* quelque modification physico-chimique ou vibration nerveuse dans le cerveau, il est tout naturel de conclure que la première ne diffère pas en réalité de la seconde; donc la pensée *est* ce mouvement vibratoire. » — Admirez la fécondité de ce raisonnement par lequel on prouverait avec non moins d'aisance que l'aveugle *est* son chien, puisqu'il ne sort jamais sans lui, qu'Oreste était Pylade puisqu'on les voyait toujours ensemble, et ainsi de suite. Ce ne serait certes pas plus ridicule que de prétendre que ma perception actuelle de cette salle *est* un tourbillonnement d'atomes, ou que le souvenir que j'ai du Mont-Blanc *est* la formation de quelques molécules d'acide carbonique dans mon cerveau, etc.

Poussé ainsi au pied du mur, le matérialisme proteste contre l'absurdité qu'on lui prête, et se défend d'avoir voulu dire que la conscience *comme telle* soit un mouvement. Mais ne pouvant avouer (ce qui serait se contredire) qu'elle est donc une réalité différente des mouvements moléculaires concomitants auxquels il avait vainement tenté de l'assimiler, il se précipite dans un autre biais. Sans plus nier complètement l'existence même des phénomènes mentaux, il se contente de la dénigrer, de la rabaisser à un rang inférieur, d'en faire quelque chose d'insignifiant, une sorte d'intermédiaire entre l'être et le non-être. « La conscience, dit-il, n'est rien d'essentiel, de permanent, d'en soi; ce n'est qu'une apparition fortuite, éphémère, un caractère momentané que revêtent parfois les vibrations nerveuses, une fugitive lueur qui éclaire un instant le mécanisme cérébral, un accident, un *épiphénomène*. » — Ce dernier mot surtout est une trouvaille: il veut dire quelque chose de surajouté aux phénomènes, un rien qui va par-dessus le marché, et dont par conséquent il n'y a pas à tenir compte, la science positive ne s'occupant que des *phénomènes* comme bien l'on sait. — Malheureusement, pour être ainsi relégués au ban de la connaissance scientifique, les épiphénomènes mentaux n'en continuent pas moins à hanter la pensée du philosophe, qui reste rêveur devant ce surplus venu on ne sait d'où, et finit par avouer qu'il n'y comprend rien. Ce serait en effet tellement plus simple, plus naturel, plus scientifique, que la sensation et la pensée n'existassent pas du tout, — pas même à titre d'*épiphénomènes,* — et que la danse des atomes s'exécutât dans le profond silence de l'éternelle nuit sans jamais être illuminée par les feux-follets capricieux de la conscience !

S'il ne veut pas s'incliner encore devant cette énigmatique dualité, le penseur parti du matérialisme n'a plus qu'à le renier en embrassant les théories hylozoïstes, mystiques, qui font de la conscience non plus un accident sans importance, mais au contraire un caractère essentiel, une fonction, une propriété de la matière. On n'a ici que l'embarras du choix. Seulement les unes, timides et manquant de logique, réservent les fonctions psychiques exclusivement à la substance vivante, au protoplasme; tandis que les autres, poussant plus à fond et considérant qu'après tout le protoplasme vivant se résout en molécules chimiques et celles-ci en atomes, vont chercher jusque dans ces derniers les rudiments de la conscience dont nous trouvons en nous-mêmes le plein épanouissement. Telle est par exemple la célèbre doctrine de M. Hæckel, qui regarde notre âme comme la résultante et l'unification suprême de toutes les âmes cellulaires, moléculaires et atomiques de notre corps[1]. Les hypothèses de ce genre ne manquent ni de poésie ni de grandeur. Mais elles suscitent deux remarques.

La première, c'est que, de l'aveu même de leurs adeptes, elles n'ont plus rien à faire avec le matérialisme proprement dit, qui se trouve ainsi abandonné comme impuissant à expliquer ou à supprimer le dualisme psychophysique.

Et la seconde, c'est qu'en prêtant une âme aux atomes, elles retombent dans une conception analogue à celle où nous avons vu aboutir le spiritualisme. Rien d'étrange à cela : quel que soit le point de départ, on arrive fatalement au même résultat lorsque, pour effacer l'hétérogénéité de la conscience et du mouvement, on réunit de force ces deux choses dans la notion hybride et indéfinissable d'une matière ou force physique douée d'activités psychiques. Et toujours on retrouve au bout de ce chemin sans issue la même difficulté qu'au début : comment expliquer dans un corps (que ce soit un groupe de cellules nerveuses, de molécules chimiques ou de simples atomes, peu importe) la coexistence et le lien de ces deux ordres de caractères disparates : d'une part les relations *externes*, géométriques et mécaniques, de ses éléments les uns vis-à-vis des autres, et d'autre part les états *internes* de sensation et de pensée ? Après

---

[1] E. Hæckel, *Essais de psychologie cellulaire.* Trad. par J. Soury. Paris, 1880.

comme avant ces longs détours, on voit se dresser devant soi le spectre de l'irréductibilité; et pour en finir une bonne fois avec lui, il ne reste aux métaphysiciens des écoles les plus opposées qu'à franchir en se donnant la main le seuil de la grande église, triomphante à notre époque, du Monisme ou de la Substance à double aspect. — Avant d'y pénétrer avec eux, nous avons encore à parler du Phénoménisme.

### 3. Du Phénoménisme.

Tandis que le matérialisme réduit la conscience à une fonction incompréhensible de la matière, ou à... un accident fortuit arrivé par hasard, l'Idéalisme et le Phénoménisme prennent le contre-pied et font de la matière une pure représentation de notre conscience, une idée.

*\*\**

Il faut noter avant d'aller plus loin, qu'en prenant les termes Phénoménisme et Idéalisme comme synonymes et équivalents, nous n'oublions pas la différence considérable qui sépare ces deux doctrines. Le philosophe phénoméniste ne connaît que *ses* phénomènes de conscience; le monde externe et les autres hommes ne sont pour lui que des groupes variés de ses propres représentations, en d'autres termes il est solipsiste (*solus ipse*), c'est-à-dire que même si par une inconséquence inévitable en pratique il *croit* à d'autres existences que la sienne, comme philosophe il n'en *sait* rien et ignore tout, sauf lui. « Moi seul, dit-il, et c'est assez. » C'est même déjà trop, car ce mot *moi* à un arrière-goût suspect d'âme-substance spiritualiste, et rigoureusement il faudrait dire : mon état de conscience, voilà toute la réalité. — L'idéaliste au contraire fait une place dans sa philosophie à d'autres êtres spirituels, à d'autres centres de conscience que lui-même; il n'est pas solipsiste.

Mais cette différence, capitale dans un examen complet de ces doctrines, importe peu sur le point spécial qui nous occupe. Car, pour toutes deux, ce que le vulgaire et les sciences naturelles appellent le corps matériel n'existe pas réellement et n'est qu'un ensemble de représentations. Si aux yeux du phénoméniste ces représentations se soutiennent toutes seules, sans rien derrière pour les supporter ou les produire, tandis que l'idéaliste les attribue à l'action (inexpliquée d'ailleurs) d'autres consciences sur la sienne, ce n'est qu'un détail insignifiant quant au rapport du psychique et du physique, puisque ce dernier, dans une théorie comme dans l'autre, n'est qu'un pur néant en l'absence du premier, et qu'il n'y a en tout et partout d'autre réalité que celle des phénomènes de conscience.

Nous pouvons donc réunir ces deux doctrines, et envisager spécialement le phénoménisme qui est en quelque sorte le continuateur moderne, plus outré mais plus conséquent, de l'idéalisme classique dont Berkeley est le type bien connu. « Il n'y a, pensait ce dernier, que des esprits et leurs idées ; ils se représentent et croient percevoir un monde matériel indépendant d'eux, mais c'est une illusion, ce monde n'existe que dans leur imagination, et si vous supprimiez tous les esprits, il ne resterait rien du tout. » Substituez *groupes de représentations* au mot esprits, et vous aurez la thèse du phénoménisme actuel.

*\*\**

Cette doctrine contredit fort le sens commun, et les gens d'humeur plaisante ont toujours eu la partie belle pour lui opposer des arguments *frappants*. Relisez dans le Mariage forcé la scène de Sganarelle et Marphurius, et vous conviendrez en effet qu'il n'y a pas d'idéalisme ni de scepticisme qui résiste à une volée de coups de bâton.

Mais les philosophes sont entêtés, et une fois rentrés dans le calme de leur cabinet ils retrouvent des preuves accablantes que le monde n'existe pas, ou du moins qu'on ne saurait prouver son existence. Car par quoi nous est-il connu, sinon par nos sensations ? Or celles-ci ne sont à strictement parler que des modifications de notre conscience, des états psychiques. Cette montre, ce bec de gaz, mes honorables auditeurs, mon propre corps, se résolvent pour moi, au creuset de l'analyse psychologique, en une poussière de sensations, visuelles, auditives, tactiles, thermiques, organiques... Même le fait qui me semble la garantie par excellence de l'existence matérielle, la *résistance* de ce pupitre à mon effort, n'est encore au premier chef qu'un sentiment que j'éprouve, une donnée subjective, une aventure de ma conscience. Et comment m'assurer qu'il y a autre chose ? Je ne peux pas sortir de moi-même, pas plus que sauter par-dessus mon ombre, pour vérifier s'il existe réellement quoi que ce soit hors de mes propres états ; et je dois bien m'avouer au bout du compte que les seuls êtres de l'existence desquels je sois absolument certain et ne puisse avoir aucun doute, ce sont *mes phénomènes de conscience actuels* comme tels.

Aussi le vrai moyen d'édifier un système exempt de toute présupposition invérifiable, un système atteignant par conséquent à la certitude, serait-il de ne jamais dépasser le terrain inébranlable de la conscience immédiate et de s'en tenir à l'analyse rigoureuse de son contenu. Cette façon de philosopher se rencontre à notre époque chez un bon nombre d'éminents penseurs, sous les noms multiples de Phénoménisme, Criticisme, Idéalisme critique, etc., et avec des nuances d'ailleurs très diverses suivant les pays et les individus. En France, ce point de vue est défendu depuis de longues années par le vénérable M. Renouvier et toute une pléiade de jeunes philosophes ; et chez nous il a été récemment exposé, d'une façon indépendante et originale, par M. le prof. Gourd dans son livre *Le Phénomène* [1]. Il va sans dire que les ouvrages de ce genre ne se lisent pas comme les romans réalistes ; mais ils ont sur ces derniers le double avantage que, si on les trouve trop ardus, on peut les interrompre à quelque page que ce soit et se consoler aisément d'ignorer la suite en s'appliquant le mot de Kant : il n'est pas nécessaire que tout le

---

[1] J.-J. Gourd, *Le Phénomène, esquisse de philosophie générale*. Paris, Alcan, 1888.

monde fasse de la métaphysique ; et si on va jusqu'au bout, on en retire toujours quelque chose, un vrai profit pour le développement de l'intelligence et la vigueur de la pensée.

Au point de vue logique, le phénoménisme est en effet très fort. Plus que cela, il est irréfutable, et dans la lice philosophique il l'emporte haut la main sur tous ses rivaux. Il n'y a pas jusqu'à son adversaire par excellence, le matérialisme, qui ne finisse ordinairement par courber la tête devant lui ; tant il est vrai que les extrêmes se touchent. C'est que tout matérialiste qui veut être conséquent et ne pas s'arrêter à mi-chemin, aboutit forcément à l'idéalisme absolu. Le principe même qui au premier abord semble légitimer la croyance à la réalité des corps — l'évidence sensible, la certitude des données immédiates de la vue, du toucher, etc., — autorise bientôt après tous les doutes sur l'existence de la matière ; car qui a jamais vu, touché, senti, cette « matière » dont on parle tant ? La seule chose certaine, indubitable, incontestée, ce sont les « perceptions sensibles » elles-mêmes, les couleurs, odeurs, saveurs ; or, quand la science vient me dire qu'objectivement, en dehors et en l'absence de mon Moi conscient, il n'y a plus de couleurs, plus de goûts, plus d'odeurs, plus de froid ni de chaud, plus aucune perception comme telle, mais seulement des mouvements variés d'atomes sans qualités assignables, et les vibrations plus ou moins rapides d'un milieu auquel je dois refuser tous les caractères sensibles à moi connus, — cela me jette dans quelque perplexité sur la réalité de cette prétendue matière... Ne seraient-ce point simplement des idées que ces atomes, cet éther, et le reste? des notions forgées par l'esprit humain pour introduire un ordre rationnel dans le chaos de ses impressions, des hypothèses qui expliquent les choses, c'est-à-dire établissent une liaison systématique entre les données des sens, comblent leurs lacunes et permettent d'en faire cet ensemble, relativement cohérent et jusqu'à un certain point intelligible, que nous appelons pompeusement la conception scientifique de l'univers ? Je ne mets pas en doute l'avantage que ces idées et ces hypothèses présentent sous ce rapport, leur rôle indispensable dans la construction de la science ; mais je ne

vois pas quelle preuve nous avons que quelque chose leur corresponde réellement en dehors de l'esprit humain ; et pas davantage quelle nécessité ni même quelle utilité il y a de le croire —
autres que celles d'obéir à un instinct de notre nature.

Et qu'on ne dise pas que la science est au contraire réaliste
et exige l'existence indépendante des objets. Il faut bien distinguer ici la science et les savants ; assurément ces derniers,
étant des hommes, croient comme vous et moi à la réalité en
soi des choses auxquelles ils ont affaire ; mais la Science, elle,
ne professe aucune opinion à cet égard, et n'a rien à redouter,
pas plus qu'à attendre, du point de vue phénoméniste. — Prenez
l'optique, par exemple. Comme il n'y a pas à espérer qu'on
puisse jamais *voir* l'éther, qu'elle invente justement pour expliquer les jeux visibles de la lumière, il lui importe peu qu'on
croie ou ne croie pas à son existence ; tout ce qu'elle demande,
c'est qu'on lui fournisse de cet éther, réel ou fictif et en tout
cas hypothétique, une notion utilisable, c'est-à-dire résoluble
en définitions mathématiques d'où l'on puisse par le calcul
déduire et prévoir les phénomènes lumineux tels que l'observation nous les donne. — Pareillement pour l'astronomie. Il lui
suffit, pour recevoir la consécration de l'expérience, seule
garantie de son exactitude, que les observateurs, au moyen de
cet ensemble fixe de sensations de froid, jaune, lisse, mobile, etc.,
qu'ils appellent une lunette, retrouvent régulièrement, à l'instant et au lieu prévus par le calcul, la sensation lumineuse
qu'ils nomment telle étoile. Mais il lui est indifférent au fond
que la lunette et l'étoile continuent à exister quand personne
ne les voit, comme nous le croyons tous naturellement ; ou
n'existent plus dès que l'astronome a tourné les talons, comme
le suppose la théorie idéaliste, pourvu seulement que leur perception se reproduise en lui dès qu'il reviendra à son poste. —
Il en est de même pour toutes les sciences. Elles ne sont au
fond intéressées qu'à un ordre régulier et constant dans la série
et le retour des sensations réellement éprouvées (le contrôle
expérimental, qui est le seul critère de la vérité scientifique,
ne consistant qu'en cela) — et non à des existences indépen-

dantes cachées derrière ces sensations et persistant en leur absence même.

Mais il en est autrement du savant. Quand toutes ses sensations s'agencent, se coordonnent et se succèdent *comme si* les corps, les atomes, l'éther existaient réellement, comment ne croirait-il pas à l'existence réelle de ceux-ci hors de sa conscience ? Comment ne voir en eux que des idées, des créations de la pensée ? Comment admettre que les sensations seules existent et s'enchaînent d'elles-mêmes les unes aux autres *comme si* elles étaient supportées ou occasionnées par un substratum latent, mais cependant sans l'être en réalité ? — C'est un gros obstacle à la mise en pratique et à la vulgarisation du phénoménisme, que cette sorte de défi qu'il jette aux croyances les plus naturelles du sens commun.

Cet obstacle s'accroît encore, lorsque ce ne sont plus les choses matérielles, mais nos semblables qui sont en jeu. C'est ici surtout que le phénoméniste sent le bât le blesser. Je peux à la rigueur admettre que le pain n'existe pas et ne soit qu'un certain groupement de mes sensations ; pourvu qu'il y ait, dans le chapelet de mes états de concience, un enchaînement tel que les phénomènes mentaux que j'appelle vulgairement *voir, toucher, et manger du pain* soient constamment suivis du phénomène mental que j'appelle *n'avoir plus faim et être réconforté,* — cela me suffit et je consens volontiers à ce que ni le pain ni mon corps n'existent en dehors de ces représentations mentales que j'en ai. Mais admettre que ma femme, mes enfants, toute l'humanité passée, présente et future, ne sont aussi que des groupes divers de mes sensations et de mes idées, — qu'aucun sentiment d'amour ou de haine n'existe en dehors de ceux que j'éprouve directement, — qu'il n'y a pas d'autres Moi que le mien, — qu'à moi seul je suis, avec mes « souvenirs » ou mes « espoirs » actuels, toute la Réalité.... brrr ! rien que l'idée de cette solitude me donne froid dans le dos, et je ne m'étonne pas que tous les philosophes phénoménistes soient en fait infidèles à leur système.

(Je laisse ici de côté la caste des artistes et des littérateurs, où le phénoménisme est très répandu, sous d'autres noms, et où il paraît se rencontrer à l'état de pureté parfaite chez quelques esprits vraiment libres de préjugés et d'une logique supérieure, pour qui le monde entier y compris leurs semblables n'est bien réellement qu'un département de leur Moi et un groupe de leurs sensations. Les philosophes proprement dits, eux, n'ont pas encore atteint ces hauteurs-là de déniaisement et l'on voit toujours reparaître chez eux, en dépit de la meilleure éducation, la tache originelle d'un certain respect de leur prochain.)

Berkeley, par exemple, qui rejetait l'existence des corps parce qu'elle se résout en perceptions, croyait devoir admettre des esprits autres que le sien, quand même il ne pouvait pas plus pénétrer en eux que dans un caillou pour constater s'ils possédaient une réalité distincte des idées que lui s'en faisait. Plus tard le grand idéaliste Fichte, après avoir prouvé que le Moi seul existe et se crée le Non-moi pour le plaisir de s'escrimer contre lui, restreint sa théorie à l'Absolu, et ne met pas en doute que ses Discours à la nation allemande iront réveiller d'autres patriotismes que le sien propre. Tout récemment, dans le livre de M. le prof. Gourd dont je parlais il y a un instant, après s'être tenu pendant quatre cents pages avec une admirable rigueur sur un terrain strictement phénoméniste, le philosophe ne peut s'empêcher en terminant de céder la place à l'homme, qui profite à son tour des droits que l'usage et la nécessité naturelle lui confèrent pour présenter en quelques lignes l'esquisse d'une métaphysique pas solipsiste du tout. Tous les phénoménistes en sont là, et reconnaissent franchement l'inévitable divorce entre la théorie et la pratique, entre la certitude logique et la croyance instinctive. La première ne considère que mes représentations comme telles, sans rien connaître au delà ; mais la seconde franchit constamment cette infranchissable limite, pour affirmer hors de ma conscience actuelle : dans le passé, des choses dont je n'ai plus l'expérience immédiate ; et dans le présent, des êtres que je ne suis pas et dont il m'est impossible de constater l'existence en soi.

*
* *

Cette opposition entre la légitimité logique du point de vue phénoméniste et la difficulté de l'observer en pratique, se retrouve dans la question du dualisme psychophysique.

Théoriquement ce dualisme est supprimé, puisque le système nerveux, l'organisme corporel, la matière, ne sont rien en dehors des images ou notions que j'en ai. Il n'y a plus que *mes phénomènes de conscience* qui se succèdent suivant certaines lois; seulement ils ont un contenu variable : Tantôt, revêtant la forme spatiale, ils me représentent des objets étendus et mobiles, un cerveau, des cellules ou des fibres, des molécules et des atomes qui vibrent, bref ce que le vulgaire appelle des « choses matérielles; » tantôt au contraire ils ont ce caractère interne et subjectif de sensations, pensées, désirs, qui leur vaut la dénomination courante d' « états psychiques. » Mais dans les deux cas, ce ne sont toujours, malgré leur diversité de contenu ou d'aspect, que des événements de même nature, des phénomènes mentaux, des représentations, et il n'y a plus lieu de se creuser la tête sur le rapport inintelligible de la conscience avec un prétendu monde physique qui existerait en dehors et indépendamment d'elle. — Ce n'est pas d'ailleurs que cette solution dissipe toute obscurité, et que le phénoménisme soit une philosophie sans mystères. Si vous lui demandez pourquoi et comment il se fait que, dans cet univers de la conscience, il y ait de pareils contrastes, d'où vient que les représentations d'*objets dans l'espace* alternent et se mélangent sans cesse avec des représentations d'*états subjectifs*, il restera bouche close, ou vous répondra par des raisonnements alambiqués dont le résultat le plus clair est que c'est comme cela parce que c'est comme cela. Mais cette insuffisance à expliquer les dernières diversités de l'expérience ne constitue pas un défaut propre au phénoménisme; toutes les philosophies sont logées à la même enseigne sur ce point, et il faut avoir la politesse de ne pas le leur rappeler trop souvent, pourvu que de leur côté elles ne fassent pas difficulté de l'avouer quand cela est nécessaire.

Mais si en théorie, dans les hautes sphères de la spéculation idéaliste, le dualisme de la conscience et de la matière disparaît, — en pratique, dans la vie prosaïque des laboratoires, des hôpitaux, et même des recherches psychologiques, il subsiste avec obstination. Le moyen, pour un physiologiste, de traiter comme un simple état de sa propre conscience le cerveau qu'il dissèque ou le chien sur lequel il opère, le tissu nerveux dont il examine des coupes au microscope, et le malade qu'il interroge !

Il y a autre chose encore. Quand le phénoméniste fait de la psychologie expérimentale, il a beau être convaincu que les changements moléculaires cérébraux auxquels il pense n'existent que dans sa représentation, ils n'en ressemblent pas davantage pour cela à la sensation de blancheur ou au goût du pain que, dans sa représentation aussi, il considère comme ayant lieu en même temps qu'eux. Ces représentations sont assurément de même nature en tant que représentations, mais cela ne fait pas que leurs contenus en soient moins irréductibles, moins disparates; or comme c'est justement les contenus, les *représentés*, que la science considère, elle se retrouve en face des mêmes rapports et des mêmes différences exactement, et aussi marqués, que le vulgaire croit apercevoir entre les choses elles-mêmes. Autrement dit, quand même pour le phénoménisme les principes de dualisme et de parallélisme ne sont plus que des idées, des phénomènes de conscience servant à en relier d'autres dans la pensée scientifique, et non l'expression d'une concomitance et d'une hétérogénéité *réelles* hors de la conscience du savant, ils n'en subsistent pas moins comme principes indispensables pour les recherches psychologiques, et l'idéalisme ne leur porte pas la moindre atteinte.

C'est d'ailleurs ce que les penseurs phénoménistes sont les premiers à reconnaître. Personne n'a plus insisté qu'eux sur l'impossibilité de ramener scientifiquement l'une à l'autre les deux séries parallèles, et sur la nécessité pour le psychologue de les conserver distinctes et irréductibles. Aussi serait-ce enfoncer une porte ouverte que de défendre plus longtemps la psy-

chologie expérimentale et ses vérités de base contre une philosophie qui professe pour elles le plus grand respect, et dont elles
n'ont jamais eu à se plaindre.

## 4. Du Monisme.

Si la métaphysique moniste devait nous occuper à proportion
de la faveur dont elle jouit de nos jours auprès des savants et
des profanes, il nous faudrait lui consacrer plus de temps qu'à
toutes ses rivales ensemble, et ne traiter qu'avec le plus grand
respect un système qui abrite les convictions philosophiques de
la majorité peut-être de nos contemporains intelligents. Mais à
ne la considérer qu'au point de vue du dualisme psychophysique,
il y a peu de chose à en dire, si ce n'est que la naïve désinvol-
ture avec laquelle elle le supprime est le plus magnifique témoignage qu'on puisse rendre à l'irréductibilité du fait mental
et de son corrélatif mécanique.

Réduit à son squelette, le raisonnement qui sert de base au
monisme revient en effet à ceci : « Nous ne comprenons pas
comment peuvent être jointes deux choses aussi radicalement
différentes que l'âme et le corps. Mais comme nous voulons à
tout prix échapper au dualisme, cessons d'en faire deux *choses*
différentes, et n'y voyons plus qu'une même chose dont l'*apparence* seule varie suivant le côté d'où on la regarde. Nous
aurons ainsi retrouvé notre Unité tant désirée. » Ou encore,
pour reprendre l'image classique, et en employant presque les
mêmes termes dont Fechner se servait il y a trente ans dans le
célèbre ouvrage où il jetait les fondements de la psychophysique[1] : « Vous comparez l'âme et le corps à deux horloges, et
pour expliquer leur mystérieuse harmonie vous en êtes réduits à
supposer soit qu'elles agissent directement l'une sur l'autre
(opinion courante), soit que le doigt de l'horloger vient sans

---

[1] Fechner, *Elemente der Psychophysik*. Leipzig, 1860, t. I, p. 5.

cesse remettre les aiguilles d'accord (occasionalisme), soit enfin qu'elles ont été si bien réglées au début qu'elles continuent à marcher toujours de compagnie (harmonie préétablie). Mais vous avez oublié un quatrième moyen, le plus simple de tous, et qui supprime jusqu'à la possibilité d'un écart entre elles : c'est qu'elles ne soient pas DEUX horloges, mais UNE seule considérée sous deux points de vue différents. » — Spinoza, il y a deux siècles, avait déjà recouru à un stratagème analogue pour se tirer du dualisme cartésien. La pensée et l'étendue, disait-il, quoique irréductibles en apparence, reviennent au même dans le fond, n'étant que deux attributs de la Substance unique, laquelle d'ailleurs en a une infinité mais ne nous présente que ceux-là. (Les successeurs de Spinoza ont sagement renoncé à parler de ceux qu'elle ne nous présente pas, et il est aujourd'hui tacitement convenu qu'elle ne possède que les deux que nous connaissons.)

Cette théorie de l'être ou de l'horloge unique à double apparence a fait fortune ; dans la littérature contemporaine, philosophique, scientifique et — littéraire —, on la retrouve à chaque pas énoncée en termes variés. Ici l'on vous dit que les changements moléculaires des centres nerveux et les modifications psychiques concomitantes sont les côtés objectif et subjectif d'une « unité à deux faces. » Là, que l'événement cérébral et l'événement mental sont un événement unique qui nous est connu par deux voies absolument contraires, ou un même texte écrit en caractères différents. Ailleurs, que la conscience et le mouvement sont la double manifestation ou les deux aspects d'une seule réalité contemplée de points de vue opposés ; etc. Ce n'est pas le choix qui manque, sans parler des variations brillantes que d'incomparables virtuoses, tels que M. Taine[1], ont exécutées sur ce thème fondamental. Je m'étonne seulement qu'à notre époque où la science déteint sur tout, on n'ait pas encore songé à donner au dogme

[1] Taine, *De l'Intelligence*. 3ᵐᵉ édit. Première partie, livre IV, chap. II, et *passim*.

du monisme un symbole quasi algébrique, dans le goût de celui-ci :

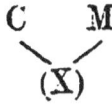

$$C \quad M$$
$$(X)$$

signifiant que si la Conscience et le Mouvement n'ont aucun trait d'union visible en haut, dans le monde superficiel des phénomènes, ils n'en sont pas moins reliés par-dessous, dans le fond inaccessible des choses, par l'être identique à lui-même, inconnu et inconnaissable (X), dont ils sont les deux faces apparentes.

*\*

Il est cependant à noter ici que le monisme embrasse des nuances métaphysiques multiples, parce que sa thèse fondamentale laisse place à une certaine liberté d'interprétation. « La conscience et le mouvement, disent tous les monistes, sont les deux aspects de la Réalité suivant qu'elle est aperçue *du dedans* ou *du dehors*. » Très bien: mais ces deux aspects sont-ils parfaitement égaux en valeur ? Voilà ce que la formule ne dit pas et ce qui autorise la création de sectes différentes, suivant que l'on sera porté à préférer l'un de ces points de vue, et à lui attribuer une plus grande vérité, une exactitude supérieure.

Aussi peut-on démêler dans le sein du monisme des courants opposés, qui se dirigent les uns vers le matérialisme, les autres vers l'idéalisme. Fechner par exemple n'a jamais douté que la vue *du dedans* ne fût plus rapprochée de la vérité absolue que celle *du dehors;* cette dernière ne lui semblait atteindre que l'extérieur, la surface, l'apparence, tandis que la première nous donnerait l'essence intime, la nature en soi de l'Absolu, ou peu s'en faut. M. Taine pareillement tient l'événement moral pour le texte original, l'idiome primitif, dont l'événement physique n'est que la traduction en une langue étrangère. Il est clair que ce monisme-là est singulièrement voisin de l'idéalisme, car il revient à dire que l'être unique est quelque chose dans le genre de notre conscience, tandis que la matière et le mouvement en sont une manifestation inexacte et déformée. — Inversement, les nombreux savants qui tout en se déclarant monistes font bon marché de l'observation par le sens interne, et croient l'aspect du dehors plus objectif, plus conforme à la réalité véritable, que l'aspect du dedans, ne sont en somme pas très loin du matérialisme.

Ces demi-monismes sont probablement les plus fréquents ; il est si difficile de ne pas se sentir plus de confiance, par tempérament, éducation ou habitude de métier, pour l'une de nos deux facultés d'observation que pour l'autre ! Ce n'est cependant pas eux que j'ai en vue ici, car nous ne pourrions que répéter à leur adresse les réflexions que nous ont suggérées les doctrines vers lesquelles ils inclinent. Il est d'ailleurs malaisé de saisir ces attitudes fuyantes, ce qui leur donne, devant la critique, un avantage pratique sur les positions tranchées sans que cela augmente en rien leur valeur quant au fond. Nous n'avons donc à considérer que le monisme franc et pur, celui qui tient la balance parfaitement égale entre les deux points de vue de la perception externe et de la perception interne, et regarde les deux *aspects* comme pareillement éloignés de la réalité vraie, inaccessible en soi. C'est à lui seulement que s'applique le symbole tracé ci-dessus. Spinosa, si l'on en désirait un exemple, n'en serait peut-être pas un trop mauvais.

\*\*\*

Si maintenant il vous paraît étrange que deux faits aussi différents qu'un phénomène de conscience, tel que le souvenir de votre demeure ou l'ennui que vous procure ce discours, et une décomposition chimique dans quelques cellules de votre cerveau, soient les deux aspects d'une même chose, ce n'est pas moi qui me chargerai de vous le faire entendre. Mais peut-être le comprendrez-vous mieux par les ingénieuses comparaisons suivantes, qui sont aussi de Fechner : Y a-t-il rien de plus dissemblable, de plus contraire, que la convexité et la concavité ? et pourtant une même circonférence est à la fois concave pour qui la considère de l'intérieur et convexe pour qui la regarde du dehors. Pareillement, pour nous, habitants de la terre, c'est le soleil qui semble tourner, tandis que pour l'astronomie qui rapporte tous les mouvements de notre système à son centre, le soleil reste immobile et c'est la terre qui se meut; et cependant, il ne s'agit encore ici que d'un seul objet, mais envisagé de deux points de vue différents.

Vous voilà satisfaits, j'espère; et vous ne vous étonnerez plus que *ce qui* vous apparaît comme souvenir, émotion, fait de conscience quelconque, à vous qui le voyez du dedans, puisse se montrer en même temps à un observateur externe comme décomposition chimique ou vibration moléculaire! — Quant à demander en quoi consiste intrinsèquement, en soi-même, *ce qui* apparaît sous ces deux aspects irréductibles, il va sans dire qu'il n'y faut pas songer. On ne pénètre pas la Substance, Dieu, la Force universelle, l'Être unique, — en un mot l'Absolu; c'est déjà bien joli, et suffisant, de savoir que c'est également Lui qu'on contemple au dedans sous la forme du phénomène psychique, et au dehors sous la forme du phénomène physique, les deux ne faisant qu'un — en Lui.

\*\*\*

Il serait superflu de disserter longuement pour ou contre le monisme; car un dogme, une fois défini, s'accepte, se rejette, ou laisse indifférent, mais ne se discute pas.

Bornons-nous à constater que l'*identité métaphysique*, cachée, que cette doctrine affirme au sein de l'absolu entre l'esprit et le corps, est un pis aller auquel elle recourt pour n'en pas rester à leur *irréductibilité expérimentale,* apparente, au sein des phénomènes. En sorte que poser la première c'est avouer la seconde, et que se déclarer moniste en philosophie équivaut à se reconnaître incapable d'être autre chose que dualiste en science.

Il est trop clair en effet que si l'on pouvait scientifiquement, par un moyen intelligible quelconque, identifier ou rattacher l'une à l'autre la série mentale et la série physique concomitante, on ne ferait pas de gaîté de cœur ce plongeon désespéré dans le mystère de « l'Unité à deux faces. » La métaphysique moniste est ainsi la meilleure démonstration — si un axiome avait besoin de démonstration — de l'hétérogénéité de la conscience et du mouvement.

## Conclusion.

La conclusion n'est pas longue à tirer. Notre promenade à travers les différents points de vue que le penseur peut embrasser en face du problème de notre double nature nous a montré qu'aucun ne le supprime ni ne l'éclaircit.

Le Matérialisme se borne à fermer les yeux pour ne pas le voir. Quand on les lui ouvre de force, il s'évanouit et tombe dans les bras du Monisme.

Ce dernier, ainsi que le Spiritualisme, est plus courageux. Ils regardent tous deux la difficulté en face, et l'expliquent — mais en la mettant à la charge de l'Absolu, qui a bon dos et ne s'est jamais refusé à ce rôle de Grand Conciliateur des Contraires que les philosophes lui ont de tout temps fait jouer. Il en résulte que ces explications sont à la vérité *possibles* (toutes les objections imaginables se noyant sans retour au sein du mystère suprême), mais que d'autre part le savant n'en peut tirer aucun profit, lui à qui il faut du net, du précis, de l'expérimentable.

Enfin l'écrasante logique du Phénoménisme en fait un foudre de guerre théorique; mais il devient tout doux en pratique; et comme il laisse le dualisme subsister intact dans le contenu de nos représentations, par conséquent dans la science, cette dernière n'y gagne rien.

Au total, la psychologie n'a aucun avantage à attendre des secours que les métaphysiciens lui offrent, et devant leur incapacité manifeste à résoudre l'énigme qu'elle leur propose, le seul parti qu'elle ait à prendre est de leur donner définitivement leur congé. Avec tout le respect d'ailleurs qui leur est dû, et la pleine liberté laissée à chacun de penser ce que bon lui semblera sur la raison dernière du dualisme psychophysique.

# CHAPITRE III

## De la Vie future et de la Liberté.

Il me reste à examiner deux problèmes philosophiques qui, se rattachant plus étroitement que d'autres à la question des rapports de l'âme et du corps, méritent bien quelques mots dans une séance consacrée à établir la ligne de démarcation entre la psychologie positive et la métaphysique. Je veux parler des problèmes de la vie future et de la liberté.

Il semble à première vue qu'ils soient tranchés d'emblée, dans un sens négatif, par le principe de parallélisme. Si en effet la vie psychique est constamment liée à certains phénomènes physico-chimiques de notre substance cérébrale, il paraît évident que d'une part cette vie psychique s'évanouira sans retour lorsque ces phénomènes cesseront définitivement, ce qui est le cas à la mort; — et que d'autre part, tant que cette vie psychique dure, elle revêt forcément dans tous ses éléments le même caractère de nécessité inéluctable, de déterminisme absolu, que présentent les processus moléculaires correspondants, régis qu'ils sont par les lois inexorables de la mécanique. Le principe fondamental de la psychologie se trouverait donc apporter une solution catégorique de ces problèmes, et clore enfin l'ère des débats philosophiques sur ces points-là.

C'est bien ainsi que l'entendent un grand nombre de chauds partisans de la psychologie expérimentale. Il est même facile de deviner à travers leurs écrits qu'elle aurait beaucoup moins de charme à leurs yeux si elle ne leur paraissait pas ruiner par la base deux des principaux articles de la dogmatique abhorrée sous le joug de laquelle la lourde main de l'Église a pendant tant de siècles courbé l'intelligence humaine. Que de chapitres de psychologie dite scientifique, positive, où le parti pris métaphysique perce presque à chaque pas entre les lignes, et dont le ton respire plus l'*odium théologicum* que la sereine indifférence de la science en matière de croyance philosophique !

Et pourtant c'est se méprendre sur la compétence de la Psychologie expérimentale, et du même coup compromettre son autorité en l'entraînant dans un domaine qui lui est étranger, que de vouloir lui arracher un verdict en ces graves matières. Aussi n'est-il pas superflu de montrer qu'ici encore l'axiome d'hétérogénéité remplit son office protecteur contre toute exploitation abusive au profit d'une métaphysique quelconque, et lui assure, au milieu des luttes philosophiques, la neutralité nécessaire à son plein épanouissement comme science particulière.

## 1. De la Vie future.

La question de la vie future ne nous retiendra pas longtemps, car envisagée au point de vue strictement scientifique, son bilan est, je crois, vite dressé et peut se résumer en ces mots : Rien pour elle, rien contre elle.

\*\*\*

Rien pour elle d'abord. Dans tout le domaine des sciences physiques et naturelles, il n'y a aucun fait qui parle en sa faveur.

Mais en disant cela, je vois se dresser devant moi, avec des protestations indignées, les adeptes du Spiritisme, qui ne sont point une quantité négligeable de nos jours; car rien que dans nos pays civilisés ils sont, paraît-il, au nombre de huit millions, comptant dans leurs rangs des étoiles scientifiques de première grandeur, et disposant de près d'une centaine de journaux ou revues pour propager leurs idées[1]. Ce n'est pas rien.

Les spirites affirment en effet que la réalité d'une autre vie est prouvée de la façon la plus positive par un fait d'expérience : l'intervention matérielle des esprits dans le monde qui nous entoure. Cette intervention est, il est vrai, subordonnée à une condition qui n'est pas à la portée de chacun : c'est la présence d'un *medium*, c'est-à-dire d'un individu privilégié, à l'appel et grâce à l'aide encore mal expliquée duquel les âmes des trépassés peuvent se manifester à nous. N'est pas medium qui veut ; du moins la plupart des gens ne le deviennent que médiocrement et seulement au bout d'un long apprentissage, sous la conduite d'un de ces heureux mortels qui le sont naturellement et d'emblée. Quoi qu'il en soit, si jamais vous mettez la main sur l'un de ces derniers, qu'il soit bien disposé, et que les esprits de leur côté ne fassent pas leur mauvaise tête, vous pourrez assister à des choses qui vous rassureront tout à fait sur votre existence future au cas où vous en auriez jamais douté.

En plein jour, dans une chambre bien claire, en présence de témoins de sens rassis et en possession de toutes leurs facultés critiques comme vous, vous verrez se renverser des meubles que personne ne touche, des tables monter en l'air jusqu'au plafond, des paravents se fendre en deux, etc. Des mains isolées vous apparaîtront dans l'espace; parfois même, mais ici une douce pénombre ou la lumière artificielle semblent de rigueur, ce sera un corps entier qui surgira devant vous et que vous pourrez palper et photographier. Y compris ses vêtements, s'il vous plaît! car la faculté de « matérialisation » des esprits s'étend heureusement à leur garde-robe, ce qui leur a permis d'éviter jusqu'ici les contraventions de police et le désagrément de se montrer en public dans un trop simple appareil. Souvent aussi, sans se laisser voir eux-mêmes, ils gratifient les assistants de quelques mots d'une calligraphie plus ou moins irréprochable. Un crayon, posé à plat sur une ardoise hors de portée, se met

---

[1] E. Lenoir, *Étude sur le spiritisme.* Genève, 1888, p. 3.

soudain à écrire ; on entend son désagréable grincement, et l'on peut ensuite lire blanc sur noir les révélations de l'au-delà. Quelques esprits ont même daigné laisser l'empreinte directe de leurs mains ou de leurs pieds sur des feuilles de papier recouvertes de noir de fumée ; et ces vénérables traces des habitants d'un monde supérieur, reproduites par la gravure et publiées dans des revues[1], ont sans doute apporté à bien des âmes jusque-là hésitantes la preuve scientifique de leur immortalité.

Malheureusement, avant de se rendre aux arguments du spiritisme, les natures récalcitrantes ne manquent pas d'objections derrière lesquelles se retrancher.

En premier lieu ceux qui ont assisté à ces expériences sont loin d'être unanimes. Tandis que les uns en sont sortis parfaitement convaincus, d'autres n'y ont rien vu qui dépassât les bornes d'une séance de prestidigitation ou de physique amusante. Et dans les deux camps on trouve des noms d'une égale autorité en matière de science. Les simples profanes sont donc, pour le moment du moins et sans préjuger l'avenir, en droit de laisser ces faits en quarantaine et de ne pas prendre très au sérieux l'épithète de « scientifique » dont le spiritisme les décore un peu prématurément[2].

En second lieu, supposons un instant que tous ces prodiges soient hors de contestation. Peut-on en dire autant de l'interprétation que le spiritisme en donne ? Il ne faut jamais confondre les faits avec leur explication ; les premiers une fois admis, on peut différer d'opinion quant à la seconde. J'avoue que pour ma part — comme ces curieux événements sont régulièrement liés à la présence, à quelques pouces ou quelques mètres de là, d'un personnage réel, visible et tangible, le

[1] V. p. ex : *Psychische Studien*, herausg. v. A. Aksakow. VI, p. 249 (juin 1879).

[2] Voir entre autres, sur ce sujet : W. Wundt, *Der Spiritismus, eine sogenannte wissenschaftliche Frage*, Leipzig, 1879 (réimprimé dans les *Essays*, 1885, p. 342), et E. Yung, *Hypnotisme et Spiritisme*, Genève, 1890.

medium, — il me paraîtrait encore plus simple de les attribuer à ce personnage lui-même qu'aux habitants hypothétiques d'un monde inaccessible à l'observation.

Sans doute, ces meubles qui dansent ou se brisent tout seuls, ces apparitions à plusieurs témoins de mains ou de personnes entières, ces ardoises se couvrant spontanément d'écriture, etc., tous ces phénomènes bizarres, *supposés réels,* réclament pour leur explication d'autres façons d'agir que celles connues jusqu'ici ; mais il n'y a aucune nécessité à ce que ces forces nouvelles émanent d'êtres nouveaux. En d'autres termes, plutôt que de recourir à l'intervention occulte des « Esprits » sur la nature et la position desquels nous ne savons absolument rien, il sera toujours beaucoup plus conforme à la méthode des sciences naturelles, d'admettre que l'organisme humain lui-même possède déjà dans cette vie des forces ou des modes d'action qui échappent d'habitude à nos moyens de contrôle : lesquelles forces acquièrent chez certains individus, et dans certaines circonstances, un degré d'intensité suffisant pour provoquer à distance, par l'intermédiaire de quelque fluide ou milieu éthéré encore indéterminé, des effets marqués sur des objets inanimés, ou peut-être simplement sur d'autres cerveaux humains particulièrement impressionnables.

Ce n'est pas le lieu de développer autrement cette idée, qui n'est point neuve d'ailleurs ; il suffit de l'avoir indiquée pour faire comprendre aux personnes tant soit peu au courant de l'histoire des sciences et de leur ligne de conduite habituelle que si des faits entièrement nouveaux, mais sous la dépendance évidente d'êtres déjà connus, peuvent obliger le naturaliste à attribuer à ces derniers de nouveaux modes d'action, ils ne sauraient le contraindre à admettre en dehors d'eux l'existence d'autres êtres inconnus et insaisissables. Qu'on se souvienne des tables tournantes ; des imaginations mal équilibrées ont voulu aussi, au début, y voir la manifestation des « Esprits ; » plus tard seulement on a compris que leur explication scientifique devait être exclusivement cherchée dans les forces (déjà connues, ou encore ignorées) des personnes présentes.

Concluons. Le spiritisme qui prétend donner la démonstration expérimentale de la vie future a jusqu'ici doublement échoué, et son argumentation n'a rien de scientifique du tout; car ni les faits qu'il invoque ne sont encore à l'abri de tout soupçon, ni l'interprétation qu'il en propose n'est conforme à l'esprit de la science.

Permettez-moi encore une autre considération, de nature toute différente.

Quand il serait établi que le programme des séances de spiritisme s'exécute bien par les esprits des trépassés, cela prouverait-il la vie future au sens que ce terme possède réellement dans les aspirations profondes des peuples civilisés? Pourquoi l'âme humaine réclame-t-elle, au delà du sépulcre, une continuation ou un renouvellement, sous une forme quelconque, de la vie psychique individuelle? Qu'on ne s'y trompe point : ce ne sont pas des nécessités logiques, scientifiques, qui sont à la base de cette croyance, car pour l'intelligence, pour la science, le monde présent se suffit à lui-même, et le mystère des choses n'est ni plus ni moins aisé à comprendre avec l'idée de la vie future que sans elle. En réalité, ce sont des besoins moraux qui sont la source intarissable de cette foi en un monde meilleur « où la justice habitera, » où l'âme, affranchie plus qu'ici-bas tout au moins des liens de la chair, ira s'épanouissant librement dans le sein du Créateur en déployant toutes ses facultés essentielles. La vie future, telle que l'espère ou la rêve l'humanité, est malaisée à définir, mais une chose est certaine, c'est qu'elle a un caractère de supériorité, de perfection, de liberté, qui fait entièrement défaut à ce que le spiritisme nous en apprend.

Que penser en effet de ces âmes assujetties à faire au service de leur medium un métier analogue à celui d'un singe savant entre les mains d'un baladin de foire ? Que dire de ces esprits qui ne trouvent rien de plus *spirituel* pour manifester leur présence que de bouleverser un mobilier, crayonner des phrases d'une parfaite nullité, ou laisser l'empreinte de pieds qui ne sont pas même indemnes des déformations infligées aux orteils terrestres par la maladresse des cordonniers d'ici-bas! Non vraiment, si le spiritisme démontrait quelque chose, ce ne serait en tout cas pas la vie future comme l'entend la conscience morale ou religieuse de la partie la plus relevée de l'humanité, mais je ne sais quel état d'infériorité physique, intellectuelle et morale, fort peu digne de nos espérances[1].

À moins que ce soit seulement le purgatoire dont il ait voulu jusqu'ici établir l'existence. Auquel cas il aurait fait le tiers de sa tâche, et il ne lui resterait plus qu'à prouver l'enfer et le paradis.

Abstraction faite du spiritisme, y a-t-il dans tout le domaine des sciences naturelles des indices quelconques d'une existence à venir? Pas que je sache. Le célèbre lieu commun de la chenille qui se métamorphose en papillon peut figurer comme image poétique dans le discours d'un prédicateur, mais à aucun titre il ne saurait entrer en ligne de compte dans un raisonnement scientifique.

Il en est de même de tous les autres exemples de transformation ou de résurrection apparente que présente le monde organique; aucun ne permet, à ce jour du moins, de conclure à la probabilité d'une réapparition de la vie chez les êtres qui l'ont une fois vraiment perdue. Qu'on me permette de citer ici l'opinion d'un naturaliste dont notre ville et notre université peuvent être fières, car dans l'histoire des sciences de ce siècle son nom restera inscrit au nombre des devanciers de Darwin. Je veux parler de M. le professeur Thury qui, huit ans avant l'apparition du livre de l'*Origine des Espèces,* à une époque où les idées régnantes étaient absolument contraires à l'hypothèse d'un enchaînement continu entre tous les êtres vivants, publiait sur le lien des espèces organiques une théorie nettement évolutionniste[2]. Or, sur le point qui nous occupe, cet excellent con-

[1] V. Wundt, *Der Spiritismus,* p. 20 et suivantes.
[2] Thury, Dissertation sur la nature du lien des faunes paléontologiques, etc. *Archives des sciences physiques et naturelles.* Genève, juillet 1851. — Le livre de Darwin a paru en novembre 1859.

naisseur des sciences biologiques, — qui est d'ailleurs pour son compte personnel partisan de la vie future, — reconnaît dans un travail récent que, telles qu'elles sont actuellement constituées, les sciences de la nature n'autorisent pas à envisager comme probable l'idée de la résurrection[1].

*<br>* *

Si l'idée d'une autre existence ne trouve rien pour elle dans les sciences, il semble qu'en revanche elle y ait tout contre elle, puisque, dit-on, c'est une loi universelle que la vie psychique disparaît avec la vie du corps.

Il est cependant bien évident que cette objection est dénuée de toute valeur logique; car, à proprement parler, ce qu'on voit disparaître à la mort de l'individu, ce sont seulement les manifestations extérieures de ses phénomènes de conscience, mais il n'existe aucun moyen, tant qu'on n'est pas mort soi-même, de vérifier si ces derniers ne se prolongent pas, ou ne se renouvellent jamais, après la destruction de l'organisme matériel. — Dans l'incapacité absolue où l'on se trouve de trancher cette question par contrôle direct, les adversaires de la vie future se rabattent ordinairement, pour nier *à priori* sa possibilité, sur un principe auquel ils attribuent une portée plus étendue que le champ accessible à l'expérience, et qui est précisément notre principe de parallélisme. Tout phénomène de conscience s'accompagne de phénomènes physiologiques déterminés; donc, conclut-on, quand ceux-ci viennent à manquer pour toujours, la personnalité consciente aussi s'évanouit forcément sans retour.

Mais cette déduction ne serait valide que si le principe en question, non content d'affirmer la simultanéité de ces deux séries de faits, nous montrait entre eux une connexion logique. Or nous avons vu que c'est précisément ce qu'il ne fait pas.

[1] Thury, Le dogme de la résurrection et les sciences de la nature. *Revue chrétienne*, 1888, p. 572.

L'expérience nous fait constater que dans beaucoup de cas (et les besoins de la science nous font supposer que dans *tous* les cas) une investigation suffisamment minutieuse peut assigner certains mouvements moléculaires du cerveau comme corrélatifs à certains états de conscience. Mais devant le mystère absolu qui plane sur le pourquoi et le comment de cette corrélation de deux choses aussi radicalement hétérogènes, la science est obligée de se taire, et toutes les suppositions sont également permises.

Sans doute le matérialisme a peut-être raison, et ces éclairs de conscience dont s'accompagne par accident le jeu de mes cellules nerveuses s'évanouiront dans la nuit noire lorsque ma mécanique cérébrale se détraquera pour tout de bon. Mais peut-être bien aussi que c'est le spiritualisme qui a deviné juste en admettant que cette lumière de la conscience, si étrangement accouplée au fonctionnement du système nerveux, émane au fond d'un principe spécial temporairement assujetti à la matière, pour ses péchés ou son éducation, et capable de recouvrer un jour sa vie propre..... *Chi lo sa?* Tout est également absurde et possible, chimérique et acceptable, raisonnable et insensé, dans ce domaine qui dépasse notre expérience. Il faudrait avoir assisté au conseil des dieux ou être dans le secret du fond des choses pour savoir si, et comprendre comment, la personnalité consciente n'est que l'éphémère résultat d'un choc d'atomes, ou est appelée à d'autres sphères d'existence après celle-ci.

*\*\**

Il est en résumé dans ce sujet deux points sur lesquels on ne saurait trop insister si l'on veut éviter à la psychologie le danger de devenir la proie des systèmes philosophiques et de se voir ballottée de l'un à l'autre.

C'est d'une part que son principe fondamental n'autorise aucune conclusion quant au sort futur de la conscience; et que pour s'en faire une arme contre l'idée d'une vie à venir, il faut déjà lui avoir tacitement accordé une portée métaphysique qu'il n'a pas de lui-même et doit bien se garder de jamais revêtir. Ce n'est qu'en lui faisant affirmer que la matière existe réellement (thèse inutile à la science, et que le phénoménisme se charge de démolir sans merci) et que la conscience n'est qu'une de ses fonctions (assertion qui n'a aucun sens intelligible) — c'est-à-dire en lui substituant deux dogmes de la métaphysique matérialiste, — qu'on peut en tirer la négation de la vie future.

Mais n'oublions pas d'autre part que l'idée de la vie future n'a aucun fondement, aucune raison d'être scientifiques. Issue de motifs moraux, elle est par nature étrangère à l'intelligence des faits observables que la science a pour mission de coordonner et de résumer en lois générales. Il faut donc se garder, sous prétexte qu'elle est logiquement possible, de lui faire jouer un rôle quelconque dans les recherches expérimentales. Ni négation, ni affirmation, pas même prise en considération, mais ignorance absolue — tel est le mot d'ordre de la psychologie et de toutes les sciences positives à l'égard de ce problème, ainsi que de tout autre dépassant comme lui les limites de notre expérience et la portée de nos moyens d'investigation ou de contrôle.

Mais il est clair aussi que pour être savant, on n'en est pas moins homme. Là où la science, c'est-à-dire l'intelligence, se tait, les autres facultés peuvent parler et commander : le cœur et surtout la conscience ont des raisons que la raison ne comprend pas, et la vie morale ou affective légitime quelquefois des affirmations ou des négations où la science n'a rien à voir. Chaque psychologue peut donc, à côté du champ collectif et impersonnel de la science pure, cultiver son petit jardin particulier et y élever telles plantes métaphysiques qu'il voudra. Et la plupart ne s'en font pas faute. Aussi ne faut-il pas s'étonner si, lorsque nous interrogeons quant à leurs convictions individuelles les champions principaux de la psychologie expérimentale, nous trouvons parmi eux des représentants de toutes les écoles philosophiques.

A côté de ceux qui, en vrais positivistes, s'abstiennent prudemment d'avoir — ou du moins d'énoncer — une opinion quel-

conque en cette matière échappant aux prises de l'expérience,
il s'en trouve beaucoup dont les tendances matérialistes sont nettement accusées. — Mais il en est aussi qui n'ont jamais dissi-
mulé leur foi à la vie future. Pour ne citer que deux morts, et
deux morts illustres, celui-là même qu'on a appelé le Père de
la Psychophysique, et que j'ai déjà plus d'une fois nommé,
Fechner, n'a pas jugé incompatible avec sa profession de
savant d'exposer à maintes reprises, et de réunir dans un petit
écrit spécial, ses croyances relatives à notre existence au delà
de la tombe[1]. Ces idées l'ont même entraîné, sur le déclin de sa
vie, à prêter au boniment d'un habile medium américain une
oreille plus complaisante qu'on ne s'y serait attendu de la part
d'un expérimentateur de sa trempe. — La même conviction,
mais dégagée cette fois de toute alliance avec les doctrines
spirites, se retrouvait chez le médecin et philosophe Lotze, lui
aussi un des fondateurs de la psychologie physiologique.

Ces exemples suffisent à montrer que la Psychologie expérimentale, comme la physique, la chimie, l'histoire naturelle, est
conciliable avec les opinions philosophiques les plus opposées,
précisément parce qu'elle est une science autonome, indépendante de tout système. Et le premier devoir de ceux qui veu-
lent réellement son bien et ses progrès est de repousser énergi-
quement, comme un injustifiable abus, toute prétention de lui
extorquer un jugement quelconque, affirmatif ou négatif, sur
des problèmes qui ne sont absolument pas de son ressort.

\*\*\*

Mais si, directement, le principe de parallélisme est étranger
à toute conclusion relative à la vie future, il semble qu'indirectement il lui porte un coup fatal en lui enlevant son principal
appui.

Parmi les raisons de nature toute morale qui servent en effet

---

[1] Fechner, *Das Büchlein vom Leben nach dem Tode.* 1836. 3te Aufl.
Leipzig, 1887.

de fondement à cette croyance, une des plus fortes — et la meilleure, pour ne pas dire la seule bonne, philosophiquement parlant — c'est la différence que l'humanité a toujours faite entre le Bien et le Mal. Le sentiment instinctif des consciences honnêtes se refuse à croire que le même sort, l'anéantissement total de la personnalité, attende indifféremment l'homme dont toute la vie est un perpétuel laisser-aller à la dérive de ses penchants, et celui qui s'efforce de remonter le courant dans une lutte quotidienne contre soi-même, le lâche qui s'abandonne et le violent qui résiste.

La valeur morale des individus, voilà en un mot ce qui a toujours paru le plus puissant argument en faveur de leur réalité absolue, et la meilleure garantie de leur survivance après la disparition de l'organisme visible.

Or cette valeur morale semble inséparable de la liberté; car si tous, les hommes de bonne volonté comme les égoïstes, ceux qui en un sens quelconque donnent leur vie pour autrui et ceux qui sacrifient celle d'autrui à leur plaisir, ne sont également que des « produits nécessaires » de la nature, alors c'est une absurdité, une illusion, de parler de valeur morale. Devant le mécanisme, tout est moralement indifférent; la cartouche explosive qui aide à percer un tunnel et celle qui fait sauter d'innocents voyageurs ne sont pas plus vertueuses ni coupables l'une que l'autre. Et avec la valeur morale, s'écroule aussi la raison la plus solide de croire à la réalité et à la persistance de l'agent moral.

La question de la liberté se trouve être ainsi la clef de voûte des autres. C'est le moment de l'examiner.

## 2. De la Liberté.

Ce semble être une entreprise désespérée que de vouloir sauver la liberté en face d'un principe aussi précis que celui de concomitance; et ce l'est en effet, si la psychologie expérimentale est l'expression de la vérité en soi. Car ici plus d'échappatoire. Rien ne sert de spéculer sur notre ignorance du nexus qui unit l'âme et le corps : quelle que puisse être la nature de ce lien, du moment qu'il y a concomitance régulière, la succession des états de conscience du berceau à la tombe est forcément aussi réglée, aussi nécessitée en chacun de ses termes, que la série correspondante des événements mécaniques.

Au surplus, sauvât-on la liberté de ce mauvais pas qu'on n'y gagnerait rien ; car ce n'est pas seulement le parallélisme psychophysique qui lui fait obstacle, c'est d'une façon beaucoup plus générale l'esprit de toutes nos sciences, l'idée même de la connaissance scientifique. Qu'est-ce en effet que *connaître* un événement, le comprendre, en faire un objet de science, sinon le rattacher à ses causes, c'est-à-dire assigner la série et l'ensemble d'événements antérieurs qui l'ont produit, qui l'ont rendu nécessaire ? Expliquer un fait, c'est toujours le ramener à d'autres où il était implicitement contenu, et en vertu desquels il ne pouvait pas ne pas être, ni être autrement. L'axiome constitutif de toute science est celui de Déterminisme absolu. La Science expire où commence la Liberté.

Il en résulte que lors même que les phénomènes psychiques ne seraient point liés à des phénomènes corporels, la psychologie n'en serait pas moins obligée de les considérer comme s'enchaînant avec une inéluctable nécessité, sans laisser aucune place à l'indétermination qui est un caractère de la liberté. Ainsi le veut notre faculté même de connaître, notre intelligence, source et fondement de la science.

\*\*\*

D'autre part cette liberté, cette qualité d'avoir pu être ou agir autrement, se trouve constituer la thèse sous-entendue dans toute appréciation morale de la conduite et de la volonté humaines. De là un singulier contraste entre notre façon instinctive de juger les choses de la vie pratique, et le point de vue qui domine les recherches scientifiques.

Là, dans les mille détails de l'existence quotidienne, nous traitons nos semblables et nous-mêmes comme des êtres libres et responsables de leurs manières d'agir. Les sentiments plus ou moins confus de coulpe ou de contentement intime dont s'accompagnent un grand nombre de nos actes, comme le blâme et l'approbation que nous ne ménageons pas (surtout le blâme) aux faits et gestes d'autrui, en un mot cette valeur *sui generis,* ce caractère de moralité ou d'immoralité que toute volition humaine semble posséder à quelque degré, impliquent notre foi native à la spontanéité de l'homme. Nous le regardons comme le maître et l'auteur propre de ses décisions dans la même mesure où nous estimons qu'elles lui sont imputables. L'homme est responsable; cet axiome, supposé dans tous nos rapports avec notre prochain, revient à dire qu'il n'est pas à chaque instant de sa vie la résultante fatale de ce qui a précédé, un simple polichinelle dont la série des événements antérieurs tire la ficelle. En un mot qu'il est libre.

Ici au contraire, dans la science, où il s'agit d'expliquer, de relier les choses entre elles suivant des lois fixes, tous les événements de l'univers sont de prime abord, *à priori,* considérés comme découlant avec une rigoureuse nécessité les uns des autres.

Du domaine de la physique, où elle ne souffre pas de difficultés, cette conception s'étend peu à peu à celui de l'histoire et de la psychologie. Les actions humaines, cessant d'être jugées au point de vue de leur valeur intrinsèque, morale, sont rattachées à leurs motifs déterminants, aux circonstances ambiantes, à tout ce qui peut en livrer le pourquoi. Alors, peu à peu, sous l'œil désintéressé et impartial du savant, telle décision qui semblait due à la libre initiative de son auteur, trouve sa raison d'être dans la série des faits antécédents. L'influence du milieu et celle du passé, l'habitude, l'éducation, l'hérédité, tout concourt de plus en plus à fournir l'explication causale de ce qu'un examen superficiel avait attribué à la spontanéité d'une volition individuelle, et l'on voit graduellement se dessiner la nécessité de ce qu'on prenait d'abord pour un acte de liberté. Le chaos des actions humaines s'ordonne ainsi progressivement; la trame de l'histoire — histoire d'un individu, d'un peuple ou de l'humanité entière — se serre; et nul doute, semble-t-il, qu'elle n'en vînt pour un observateur suffisamment informé et clairvoyant à ne plus faire, en elle-même et dans son entre-croisement perpétuel avec la chaîne des événements du monde physique, qu'un seul tissu compact où tout se tient quasi logiquement, et dont aucune portion n'aurait pu être différente de ce qu'elle est, le commencement une fois donné.

Cette assimilation du cours des choses, tant humaines que physiques, au déroulement régulier d'un grand drame réglé d'avance, dont chaque incident est la conséquence inévitable de l'ensemble des précédents, ou plus exactement encore au jeu mécanique d'une immense boîte à musique remontée et dont le bouton a été poussé, — voilà le but suprême auquel tend notre intelligence dans l'analyse et la synthèse des faits. Malheureusement, et c'est ici que la contradiction entre la science et la vie se fait cruellement sentir, la responsabilité réelle des individus succombe en même temps que leur liberté devant cet idéal scientifique, incompatible qu'elle est avec ce rôle de simples éléments intégrants de la grande machine. Car le plaisir et la souffrance peuvent bien subsister, mais la valeur proprement morale des actes et des volitions s'évanouit forcément dans la fatalité des mouvements mécaniques.

Une des roues de ma montre, arrivant à la conscience de sa véritable condition, pourra bien déplorer que les besoins de la construction ou la maladresse de l'horloger lui aient imposé des frottements douloureux; elle pourra aussi se féliciter du remède que l'arrivée d'une goutte d'huile apporte à ses maux; mais elle ne saurait raisonnablement prendre sur elle, ni faire porter à ses voisines, la « responsabilité » des états agréables ou pénibles qu'elle éprouve. De même pour nous. Le mérite et la culpabilité s'effacent également devant la recherche objective qui tend à montrer l'uniforme déterminisme de tout ce qui arrive, et l'appréciation proprement morale des choses ne survit pas à leur explication scientifique. Il y a un mouvement de bascule, une proportion inverse, entre ces deux manières d'envisager un seul et même acte; tout progrès de l'intelligence, introduisant la nécessité causale, marque un recul de la liberté et un amoindrissement de la responsabilité morale de l'agent.

C'est ce que V. Hugo sentait bien lorsqu'il souhaitait de dérober aux investigations de la science les crimes que réprouvait sa conscience de patriote (Toute la Lyre, II; « Aux Historiens ») :

> Historiens, ayez les traîtres en dégoût......
> Ne cherchez pas comment leur forfait se construit
> Et s'éclaircit. Laissez ces monstres à la nuit.
> Où donc en serions-nous si l'on s'expliquait l'homme
> Qui tel jour a livré Paris ou trahi Rome !......
> ..... Toute explication d'un monstre l'atténue.

Etc. Il y a là dix pages de vers exprimant à leur manière l'alternative que nous posent, non seulement les grands événements de l'histoire, mais aussi les innombrables volitions dont est faite la vie journalière de chacun de nous.

De deux choses l'une :

Ou bien la science a raison, et tout acte psychique, comme les processus du monde matériel, est au fond l'inévitable aboutissement du cours antérieur de l'univers. Mais alors l'individu étant, en chaque point de sa durée, le produit nécessaire d'un passé sur lequel il ne peut rien puisqu'il est passé, cela n'a aucun sens de parler de sa responsabilité morale.

Ou bien l'individu est réellement responsable, c'est-à-dire qu'à un ou plusieurs instants de sa vie il aurait pu vouloir autrement. Mais alors tout n'est pas absolument prédéterminé par le cours antérieur des choses, l'évolution mécanique de l'univers présente des interruptions, des lacunes, — le champ que défriche la science est semé de miracles.

(De miracles, c'est bien à dessein que je prononce ce mot. Tout acte libre, s'il en est, est par là même une création du néant, un commencement absolu, un trou qu'une intelligence scientifique infinie serait incapable de boucher, c'est-à-dire un miracle. Il n'est pas inutile d'insister là-dessus, parce que beaucoup de gens s'imaginent naïvement que la science, incompatible avec les faits vulgairement qualifiés de miracles que les religions présentent à leur origine ou dans le cours de leur développement, est en revanche compatible avec la liberté morale. On a vu de graves théologiens combattre le surnaturel *au nom de la science* et en même temps continuer à prêcher à leurs ouailles les dogmes du spiritualisme banal, entre autres la liberté morale, comme si *au nom de la science* cette dernière ne devait pas être proscrite au même titre, ni plus ni moins, qu'une guérison miraculeuse ou la résurrection d'un mort!)

\*\*

Telle est l'impasse où nous jette le libre arbitre. La science l'exclut comme sa négation même, la responsabilité le réclame comme sa condition absolue. Faudra-t-il donc opter entre elles et sacrifier la vérité de la première ou la réalité de la seconde? Dure extrémité, car il paraît aussi difficile de renoncer à l'une qu'à l'autre. Aussi a-t-on tenté l'impossible pour les conserver toutes deux en montrant, soit que la science peut dans son propre domaine s'accommoder de la liberté, soit que la responsabilité peut s'en passer. Mais j'avoue que les essais faits jusqu'ici dans cette double voie me semblent fort peu convaincants. Je n'en dirai que quelques mots.

Plusieurs savants, pour sauver le libre arbitre indispensable à la responsabilité, ont tâché de lui faire une place dans la science même, et plus particulièrement dans la physiologie nerveuse (puisqu'en somme c'est par le système nerveux que le monde moral et le monde physique se trouvent pour ainsi dire en contact). A cet effet, d'ingénieux subterfuges ont été inventés, ayant tous pour but de permettre à une force non matérielle, l'Esprit ou la Volonté, d'intervenir dans un système de forces purement matérielles, le cerveau, et d'y déployer ses effets sans néanmoins que celui-ci cesse un seul instant de se

conformer, aux lois de la mécanique et au principe de la conservation de l'énergie. On peut dire que toutes ces tentatives, si
subtiles qu'elles soient, ont avorté, et il n'y a guère à espérer
que l'avenir leur soit plus favorable, car le problème qu'elles
agitent est bien trop proche parent de celui du mouvement perpétuel pour n'avoir pas le même sort.

D'ailleurs, quand il serait résolu, et que le physiologiste-
mathématicien consentirait par impossible à tolérer une certaine
dose d'indétermination dans le jeu de la mécanique cérébrale,
ce serait le psychologue lui-même, comme je l'ai déjà indiqué,
qui finirait par protester contre l'introduction de la volonté libre
dans sa science. «Que voulez-vous que je fasse, dirait-il, de
cette cause occulte et capricieuse, qui à chaque instant peut
venir bouleverser la suite naturelle des phénomènes de conscience? N'est-ce pas une ridicule comédie que de chercher encore des lois, des uniformités de succession, et de prétendre
fonder une science expérimentale, quand on admet d'emblée
que, tous les motifs d'une volition, toutes ses conditions passées
et présentes étant réalisés, la volition elle-même reste encore
ambiguë et pourra, toutes choses égales d'ailleurs, être tantôt
ceci et tantôt le contraire!» Et l'on ne tarderait pas à voir pa-
raître quelque Claude Bernard de la psychologie venant protester au nom de la raison scientifique contre cette admission
de causes indéterminables, et lui substituer le seul principe
qui puisse, dans un domaine quelconque, servir de base à une
science vraiment digne de ce nom, le principe du Déterminisme
absolu de tous les phénomènes.

Aussi le plus grand nombre des penseurs de notre époque,
sentant bien que la science rejette impitoyablement le libre arbitre, s'attaquent-ils à l'autre alternative en essayant de conserver la responsabilité sans la liberté. Pour peu que vous vous
y prêtiez, ils vous prouveront qu'un homme dont les moindres
actes et les plus graves décisions étaient irrévocablement pré-
déterminés, dès l'origine, et virtuellement contenus dans le
sein de l'Absolu ou de la grande Nébuleuse primitive, n'en *est*
pas moins réellement responsable de sa conduite par le simple

fait qu'il *a le sentiment* d'en être responsable. Cela m'a toujours paru obscur, mais il y a des gens qui le trouvent clair comme le jour.

Sans doute, même si l'on me prouve que tout en moi est nécessaire, je conserve encore le sentiment d'être libre et responsable; instinctivement, je m'en veux et me méprise d'avoir en telle circonstance failli à mes devoirs, je m'estime malgré moi tenu de me mieux conduire à l'avenir. Mais ces jugements que ma conscience porte tout naturellement sur mes actes passés ou futurs, j'ai quelque peine à les prendre encore au sérieux maintenant que je me sais un simple pantin dans la main de la force universelle, un passif produit de l'aveugle évolution. Si l'obligation morale subsiste encore en moi comme fait psychologique, à mes yeux de logicien du moins, et de philosophe désabusé, elle a perdu sa signification, sa portée, son autorité, sa *valeur* distinctive en un mot, et ne possède plus qu'une valeur d'habitude, de préjugé. Elle est réduite à l'état d'illusion, dont je continue à être le sujet puisque je suis ainsi fait, mais non le jouet puisque je sais qu'il n'y a rien derrière.

Certains amputés, lorsque le temps va changer, sentent leurs cors quand même ils n'ont plus de pied. Des personnes saines d'esprit, mais en proie à une hallucination maladive, voient un précipice ouvert à leurs côtés ou des fantômes devant eux, tout en sachant pertinemment qu'il n'y en a pas. A nous tous, la lune paraît énorme à l'horizon, bien qu'on nous ait enseigné qu'elle a toujours le même diamètre et répond au même angle visuel. Un décor de théâtre réussi nous faire voir de vastes perspectives là où la raison nous dit qu'il n'y a qu'une toile verticale. Etc. Eh bien, c'est dans une situation analogue que se trouve l'homme revenu de l'erreur du libre arbitre, mais auquel des influences héréditaires ou d'éducation, la conformation innée ou acquise de son cerveau, imposent toujours le sentiment qu'il est responsable, qu'il aurait pu ou dû agir autrement, qu'il sera—lui, et non la force universelle—le véritable auteur du choix qui va avoir lieu entre une bonne et une mauvaise action. Mais s'il n'arrive pas à se défaire tout de suite de ces illusions naturelles, fondées dans sa constitution physique et mentale, il n'en est du moins plus la dupe ; et quand il lui arrive encore de blâmer le vice ou d'honorer la vertu en lui-même ou chez autrui, il sourit dans son for intérieur de ces restes de superstition puérile.

Car pour le sage inondé des lumières de la science, il n'y a ni Bien ni Mal, ni Vice ni Vertu ; dans l'indifférente nature, tout est également nécessaire, tout existe au même titre. Si, au cours de l'évolution mécanique de l'univers, le cerveau de tel de mes amis se trouve justement conformé de façon à ce qu'il veuille bien perdre sa vie pour sauver la mienne, c'est tant mieux pour moi et tant pis pour lui. Ce sera l'inverse avec tel autre que l'enchaînement des causes a fait coquin assez habile pour me dérober ma fortune ou mon honneur sans se mettre sous le coup de la loi ni de l'opinion publique. Mais, dans ces deux cas, les procédés de mes amis sont les inéluctables conséquences auxquelles devait aboutir, en ces points-là de l'Espace et du Temps, la série des événements naturels.

Si maintenant la conduite du premier m'inspire non seulement de la reconnaissance mais du respect, et celle du second outre la haine, le mépris, — ma seule excuse pour deux verdicts aussi contraires sur des actes également nécessaires en soi est que, de mon côté, j'ai des cellules cérébrales ainsi façonnées par l'hérédité, ce à quoi je ne peux rien. Mais ma raison — encore par suite de la contexture fatale de mes centres nerveux — ne peut s'empêcher de trouver singulièrement illogiques ces appréciations morales, qui n'auraient de sens à ses yeux qu'en un monde où les êtres pourraient en réalité vouloir et agir autrement qu'ils ne font. Enfin ! s'il est vexant de ne pouvoir me débarrasser d'une illusion que j'ai percée à jour, il me reste pourtant une fiche de consolation : c'est de penser que la même évolution inévitable qui m'impose, comme à tous les imbéciles dont la société est formée (par bonheur pour elle), le sentiment de ma responsabilité, me donne au moins, à moi homme intelligent, la vue aussi nette qu'obligatoire — que c'est une Illusion.

### 3. Deux Métaphysiques.

Illusion, c'est-à-dire erreur ou mensonge de notre nature. C'est bien là qu'on en vient forcément quand on compare les exigences de l'Intelligence scientifique et celles de la Conscience morale. L'une ou l'autre de ces deux facultés opposées de notre être est trompeuse, et ne nous montre pas les choses sous leur vrai jour.

Or comme il semble aller de soi que c'est le propre de la science de nous donner la vérité, la fonction de l'intelligence de nous faire voir la réalité telle qu'elle est, il ne reste plus d'autre issue que de réduire définitivement le sentiment de la responsabilité au rôle d'apparence sans signification objective.

*\*\**

A moins que l'on n'ait le courage de faire l'inverse, et de prendre pour reflet de la Réalité absolue en nous, non l'intelligence, mais la conscience morale. De grands esprits l'ont osé; et ils n'ont pas cru abaisser ou supprimer par là la science, mais au contraire la consolider en la ramenant à son véritable domaine.

Celui qui dans les temps modernes représente avec le plus d'éclat cette façon de penser est le philosophe Kant. A ses yeux, la science n'atteint que l'apparence, le Phénomène; c'est-à-dire que notre intelligence — en se représentant les choses abstraction faite de leur valeur éthique, comme une succession d'événements rigoureusement enchaînés les uns aux autres, dans l'espace et le temps, par le lien de fer de la causalité naturelle, — se forge de la Réalité absolue une image inexacte. Au contraire, l'honnête homme (pas au sens mondain) qui prend pour guide sa conscience morale et place l'idée du devoir au centre de sa vie et ses efforts, lui paraissait posséder par là non pas une connaissance de la réalité, mais la réalité même.

C'est qu'en effet il y a une différence entre *connaître* et *être,* avoir une théorie de la vie et vivre, savoir en quoi consiste l'absolue réalité et faire partie de cette réalité. Kant ne pensait pas que l'homme pût connaître l'être absolu, comprendre ce que c'est que l'existence, apercevoir et saisir par l'intelligence scientifique la réalité. Mais il estimait que l'homme tient à l'Être par ce qu'il y a en lui de plus intime et de plus impénétrable, le sentiment du devoir, et qu'il *est* réellement quand il incarne l'auguste loi morale. Dans l'épineuse question de savoir à qui appartiendra le dernier mot, et qui a en définitive *raison*, — de la raison Théorique, c'est-à-dire la science, qui cherche partout le nécessaire et le naturel; ou de la raison Pratique, c'est-à-dire la conscience morale, qui veut uniquement le bien, la libre soumission au devoir, — Kant optait pour la seconde alternative, et affirmait la suprématie de la raison pratique. Elle ne nous fait rien *connaître,* mais elle nous fait *être.*

On lui a souvent reproché d'avoir admis une absurdité. « Dans le monde des phénomènes, disait-il, c'est-à-dire dans la chaîne des événements qui remplissent l'espace et le temps, et qui après tout constituent notre existence quotidienne, tout est déterminé, tout se tient rigoureusement, et il n'y a aucune place pour la liberté. Mais dans le monde des noumènes, de la réalité absolue, au delà de l'espace et du temps, l'homme est libre. » — Il est clair qu'entendue ainsi selon la lettre, sa doctrine n'est qu'un leurre, et ne nous offre qu'une liberté chimérique; car c'est bien ici-bas, dans la vie de tous les jours, qu'il nous importe d'être libres, de pouvoir choisir entre le bien et le mal, ou entre le mieux et le plus mal — et non dans un monde transcendant dont nous n'avons aucune expérience. Mais peut-être pourrait-on, sans fausser l'idée profonde de Kant, et en conservant presque ses propres expressions, l'interpréter autrement.

Ce qu'il entend par le monde des phénomènes, c'est à proprement parler le monde *scientifiquement conçu,* l'image ou la notion que l'esprit humain se fait de la réalité par ses facultés exclusivement intellectuelles, et en éliminant ses aspirations morales.

Et le monde des noumènes ou des choses en soi, c'est la Réalité indépendante de cette représentation scientifique, la Réalité elle-même, que nous sentons, devinons, possédons, — bien mieux, que nous *sommes*, mais ne *connaissons* pas au sens scientifique du mot connaître. — dans le sentiment moral, dans l'Impératif catégorique. Il ne faut donc pas opposer deux *mondes* (que l'on est trop enclin à se figurer, à l'exemple des choses matérielles hors de nous, comme deux étages superposés, dont les rapports sont alors inintelligibles, l'un étant dans l'espace et le temps et l'autre au-dessus), mais deux *façons d'envisager* la réalité, deux modes de juger les choses, deux points de vue de notre esprit.

Sans doute cela ne supprime pas toute obscurité dans la doctrine de Kant. Car ce dualisme de deux façons de juger, dont l'une nous donne une connaissance précise, scientifique, expérimentale, utile pour la vie matérielle, mais fausse en soi — et dont l'autre nous place dans la réalité dernière elle-même, mais ne nous en fournit aucune connaissance — ce dualisme subsiste ineffaçable et inexpliqué. Seulement on comprend que le même fait, le même acte de notre vie psychique, puisse être à la fois nécessaire et libre, puisqu'il ne s'agit plus là *pour lui* de deux manières d'exister; mais *pour nous* de deux manières de le considérer dont une seule est... vraiment vraie.

Un exemple vous fera mieux saisir la chose. — Hier, j'ai renvoyé durement et avec impatience un pauvre diable qui m'importunait. J'ai deux façons de considérer cet acte.

Au point de vue objectif, scientifique, il m'apparaît comme un phénomène psychique qui s'est produit à son tour dans l'immense série des phénomènes de toute espèce constituant l'univers, et s'explique par ceux qui l'ont précédé. Étant donné mon caractère, ou mon système nerveux tel que l'hérédité et l'éducation l'ont formé, étant donnée d'autre part la disposition momentanée où je me trouvais, cette arrivée malencontreuse d'un fâcheux ne pouvait avoir d'autre résultat que celui qu'elle a eu. — Voilà le point de vue de la psychologie positive : un acte quelconque expliqué par ses antécédents, et devenant dès lors un des éléments du torrent universel. J'obtiens ainsi, et c'est la seule façon dont je puisse l'obtenir, une *connaissance scientifique* de mon acte de mauvaise humeur; par là il prend place dans ma conception de l'univers, par là il est expliqué.

Mais par là aussi j'en ai fait un phénomène, et j'ai manqué la réalité vraie, le côté nouménal de cet acte. C'est l'autre point de vue, le point de vue subjectif, intime, moral, qui me le donne. Ici mon acte m'apparaît comme coupable; j'aurais dû prêter plus d'attention à la requête de ce malheureux, examiner s'il méritait quelque appui... Inutile de pousser plus loin l'admonestation morale virtuellement contenue dans ce verdict immédiat de ma conscience, le remords, le sentiment d'avoir mal agi. L'essentiel est seulement de noter que dans l'esprit, sinon dans les termes, de la philosophie de Kant, c'est ce sentiment qui trahit en moi la réalité absolue. J'aurais *dû* faire autrement, donc en vérité j'aurais *pu*; et en supposant que tout est univoquement déterminé, mon entendement adopte une hypothèse commode, et d'ailleurs nécessaire pour relier les événements les uns aux autres en un système total, mais indémontrable et fausse au fond. Je suis coupable, donc *je suis;* et la science, en ne voyant en moi qu'une collection momentanée d'états psychiques passifs, un mode de la force universelle, un accident sans valeur en soi du grand Tout, se livre de nouveau à une supposition simplifiante, légitime à son point de vue et indispensable pour son but, mais erronée quant à sa vérité absolue.

Lors donc qu'on dit que la même action est *nécessaire* dans le monde des phénomènes, et cependant *libre* dans celui des noumènes, il faut entendre par là que bien réellement elle est libre et son auteur responsable, quoique nous en soyons réduits à la considérer comme nécessitée par les incidents antérieurs si nous voulons l'enrôler à leur suite, la *comprendre* en un mot, dans la conception intellectuelle que nous nous faisons de l'ensemble des choses. Car aux yeux de notre intelligence, les événements du monde resteraient pêle-mêle et sans rapports précis dans les cadres illimités de l'espace et du temps, si, pour les y fixer chacun à sa place et les y relier définitivement entre eux, nous n'y tendions d'avance, *à priori,* le canevas inflexible de la nécessité naturelle. Mais la mosaïque rigide que nous obtenons ainsi n'est pas la reproduction exacte de l'Être dans son essence et sa souplesse créatrices. Ces cadres et ce canevas, que notre pensée tire de son propre sein comme l'araignée sa toile, ne s'appliquent pas à l'Absolu et ne l'emprisonnent pas, de sorte que la science expérimentale dont ils sont les conditions *sine qua non* et l'indispensable charpente, n'est que la fantasmagorie à laquelle l'esprit humain aboutit lorsqu'il veut reproduire, sous forme d'image et de représentation objectives, une Réalité dont l'essence n'est aucunement susceptible d'être représentée ni conçue, mais seulement éprouvée et — vécue.

*\**

Tout à l'heure, la responsabilité morale se trouvait, avec la liberté, réduite au rang d'illusion pour donner à la science une portée absolue. Maintenant la position est retournée, et pour conserver la réalité de la première, c'est la science qui perd sa vérité en soi.

Ces deux alternatives sont également des hypothèses métaphysiques, en ce sens qu'aucune expérience *cruciale* ne saurait établir sans conteste la légitimité de l'une à l'exclusion de l'autre. De plus, elles ne laissent place à aucun intermédiaire, et l'on peut dire qu'il n'y a, au bout du compte, pour nous humains, que ces deux métaphysiques-là de possible. Nous sommes en effet irrémédiablement condamnés à l'anthropomorphisme par notre incapacité de sortir de nous-mêmes; et, réduits à concevoir ou deviner l'Absolu sur le modèle et comme au travers d'un des éléments de notre nature, nous n'avons que le choix entre nos deux facultés fondamentales, la Raison logique, et la Conscience morale.

La première demande le nécessaire, l'identique, l'unité. Son rêve serait d'aboutir à quelque immense syllogisme, dont la conclusion fût l'Univers, tout ce qui existe, tout ce qui arrive; reste seulement à trouver les prémisses! Alors la raison serait satisfaite. A défaut de cela, elle s'empare du peu de nécessité qu'elle rencontre, ou croit rencontrer, dans l'ordre contingent de la nature, et, le portant à l'extrême, l'élevant à une puissance infinie, l'érigeant en principe absolu, elle arrive inévitablement à une conception unitaire, monistique, déterministe, du grand Tout. On peut appeler cette métaphysique le NATURALISME, car la nature est bien son prototype, son idéal — la nature, cette puissance vague, aveugle, inconsciente, indifférente au bien comme au mal, au plaisir comme à la douleur, au laid comme au beau, et les produisant également au cours de sa fatale évolution.

Le Naturalisme se présente d'ailleurs sous une infinité de formes, mais le fond reste le même. Que ce soit la Substance de Spinoza, l'Idée de Hegel, la Volonté de Schopenhauer, l'Inconscient de Hartmann, la Matière de Büchner, la Force de Spencer ou l'Axiome éternel de M. Taine, — le principe premier est toujours conçu comme l'Un qui se développe avec nécessité; sorte de grande masse de protoplasme métaphysique, poussant par-ci par-là des pseudopodes éphémères qui se font l'illusion de posséder une existence indépendante, une volonté, une individualité propres, alors qu'ils ne sont qu'un « produit, » un mode de la force, un accident de la substance, un cas particulier de la loi universelle, une conclusion de syllogisme.

L'autre, de ces deux métaphysiques, s'abstient de toute *connaissance* de la réalité dernière; elle ne croit pas que l'intelligence puisse trouver le secret de l'être, ni doive perdre son temps à faire entrer le principe de l'univers dans un mot ou une formule. Par ce renoncement à toute détermination intellectuelle de l'absolu, elle est *agnostique;* mais si elle n'était que cela, elle ne serait pas une métaphysique, c'est-à-dire une opinion relative à l'essence des choses et au sens de la vie. Or elle en est une, et très arrêtée, car elle affirme précisément ce que le naturalisme nie directement ou rend impossible par ricochet, la réalité des valeurs éthiques — et elle lève les épaules à ce qu'il pose comme l'expression adéquate de la vérité, le déterminisme absolu. C'est que *comprendre* l'intéresse moins que *sentir* et *vouloir*. Arriver à l'intelligence de notre monde, apercevoir partout la chaîne sans fin de la nécessité, contempler le fonctionnement aveugle de la grande machine ou l'évolution inconsciente de l'animal universel, la touche peu; mais légitimer l'interprétation morale de la vie, retrouver tout au fond et pour ainsi dire au cœur même de l'Être quelque chose qui réponde à ce qu'il y a en l'homme de plus personnel, de plus intime, ses sentiments moraux et ses aspirations vers l'idéal, voilà ce qu'elle veut. On pourrait appeler cette métaphysique-là le Moralisme, et mieux le moralisme *agnostique*, afin de bien indiquer que ce ne sont point des exigences de nos facultés cognitives qui lui font prononcer un jugement sur l'essence des choses, et d'empêcher par là toute confusion avec les philosophies intellectualistes, où la source et le principe de la conviction sont dans une prétendue nécessité de l'entendement.

Le Moralisme aussi nous offre d'innombrables variétés et nuances. J'ai cité la philosophie kantienne, qui en est une forme abstraite, rationnellement élaborée, savante. Mais pour mon compte je le préfère, et je l'accepte, sous la forme plus enfantine en apparence, plus profonde et plus vraie à mon sens, que nous rappellent les cloches de Pâques ou de Noël. C'est en effet la même idée qu'expriment aux deux bouts d'une longue échelle, d'une part le christianisme — non pas celui des théologiens, mais celui que les âmes simples et droites puisent dans les récits évangéliques — et d'autre part le fondateur du criticisme; seulement ce dernier l'a dépouillée d'éléments affectifs qui lui sont plus essentiels et indispensables qu'il ne croyait. Cette idée, c'est celle d'une différence réelle entre le Bien et le Mal, de la valeur absolue, éternelle, du Bien, de la sainteté de la loi morale.

On objecte il est vrai que le bien n'est rien de précis, que les prescriptions de la loi morale sont relatives, en perpétuelle variation d'un pays à l'autre, d'un siècle au suivant, d'un individu à son voisin, et même chez un seul et même homme selon ce qu'il a mangé ou les livres qu'il a lus. — Non sans doute. le Bien en soi, le devoir, la sainteté, ne se formulent pas comme un théorème de géométrie. Ils sont opiniâtrement réfractaires à toute définition rigoureuse; et c'est même un piètre service qu'on leur rend que d'essayer de les enfermer dans une série d'articles numérotés, preuves en soient les décalogues et les systèmes d'éthique, bons si l'on veut à diriger en gros la réflexion sur le côté moral de la conduite, mais incapables de dire à un chacun ce qu'il doit faire dans le cas donné.

Mais cette objection de la relativité du Bien, de sa variabilité avec les temps, les lieux ou l'état de la civilisation, ne serait-elle pas simplement un commode et banal prétexte pour se dérober à son autorité, le retranchement derrière lequel nous nous mettons à l'abri des exigences de notre conscience? Les cœurs non sophistiqués savent assez que si le Bien comme le Mal absolus leur échappent, en fait et dans l'immense majorité des cas, dans tous lorsqu'ils y regardent de près, il y a une différence sensible entre les diverses alternatives possibles, les unes se présentant elles-même comme moralement meilleures, et les autres plus mauvaises; et que ce n'est pas tant la connaissance du devoir qui fait défaut, que l'énergie créatrice du vouloir et du faire. On peut donc employer, sans les définir autrement, les expressions de Bien, Loi morale, Devoir, etc., comme dénominations générales pour une catégorie de faits d'expérience familiers à la conscience individuelle en sa sincérité; ou si l'on tient à une définition, se contenter de dire qu'en pratique le *bien absolu* consisterait à toujours vouloir le *mieux relatif* que l'on aperçoit.

Il serait intéressant de noter les points de contact et de divergence entre ces deux formes extrêmes de la métaphysique morale, le christianisme primitif et la philosophie de Kant. On trouverait le premier beaucoup plus fidèlement (quoique incomplètement) rendu dans celle-ci que dans les édifices dogmatiques échelonnés le long des dix-huit siècles qui les séparent. Mais ce serait trop nous écarter de notre sujet, et je me bornerai à relever deux points.

Le premier, c'est qu'aux yeux du fier penseur de Königsberg la conscience morale revêtait l'aspect sublime du *Bien non encore accompli*, mais qui veut l'être, — de l'Impératif catégorique; tandis que dans la plupart des âmes religieuses elle s'éveille tout d'abord sous la forme humiliante du repentir, à l'occasion du *Mal déjà fait*. Mais dans les deux cas, sentiment du Devoir ou sentiment du Péché, pour être pris au sérieux, supposent la liberté de l'agent moral.

Car en dépit des théologiens partisans de la prédestination — et en cela apôtres du Naturalisme, vu qu'il revient bien au même que tout soit déterminé de par la volonté divine ou de par la constitution mécanique de la nébuleuse primitive — la conscience humaine a toujours trouvé absurde de parler de bien et de mal, de devoir ou de péché, dans un ordre de choses où tout est nécessaire et où l'individu n'est que l'inactif spectateur, l'éphémère assemblage, d'une série de phénomènes dont chacun est l'inévitable résultat de tous les précédents.

Le second point, c'est qu'en dépit encore des théologiens, dont les élucubrations sont venues alourdir gratuitement le christianisme de pesantes surcharges intellectualistes, la conception chrétienne du fond des choses est tout aussi « agnostique » que celle de Kant, si ce n'est plus. Ce n'est point en effet dans un but théorique, pour expliquer la nature et satisfaire l'entendement, que le Christ est venu révéler « le Père, » mais uniquement en réponse à un besoin de la conscience, au profit exclusif des âmes travaillées et chargées. Ce nom même de Père appliqué à l'Absolu, n'est-il pas comme le résumé et le point culminant de tous les contrastes qui distinguent la métaphysique morale des métaphysiques naturalistes? En substituant cette idée concrète, toute débordante de vivantes relations, aux abstractions vides où tombe l'entendement humain quand il cherche à concevoir le fond des choses, le christianisme reconnaît assez qu'il n'apporte pas une explication logique, une théorie intellectuelle de l'univers, mais — ce qui est beaucoup moins, ou beaucoup plus, et en tout cas tout différent — une conception, mieux que cela, une possession de la réalité, conforme aux aspirations les plus profondes du cœur humain.

« Mais c'est de l'anthropomorphisme pur! » s'écrie-t-on. —
Eh! sans doute. Est-ce que par hasard elles en sont moins,
toutes ces creuses notions d'être, force, substance, idée ou volonté inconscientes, etc., avec lesquelles les philosophes prétendent combler le gouffre de l'inconnaissable? Pour sortir de l'of-
ficine de l'intellect au lieu de jaillir des profondeurs de la
conscience morale, sont-elles donc affranchies de l'estampille
humaine? Qui a jamais démontré que notre raison théorique et
toutes les catégories de notre entendement soient moins « sub-
jectives » que nos sentiments moraux? Oui bien, si la faculté de
connaître arrivait à donner le pourquoi et le comment de l'existence, si elle pouvait rendre limpide et transparent le mystère
de l'être et assigner une raison logique au réel, nous serions au-
torisés à penser qu'elle entrevoit l'absolu, et à lui prêter
créance. Mais dans son impuissance native à dire pourquoi quelque chose existe plutôt que rien, ceci plutôt que cela, et la conscience à côté des mouvements moléculaires cérébraux, elle
éveille quelque soupçon sur sa portée véritable, et il reste à tout
le moins indémontré qu'elle vaille mieux, pour nous mettre en
contact avec le Fond même des choses, que le sentiment moral tout vague qu'il est.

*<br>* *

Entre ces deux métaphysiques laquelle choisir ?

On peut d'abord s'éviter ce souci, en n'y pensant pas et
vivant de routine. La plupart des gens le font, et c'est bien
assurément le parti qui donne le moins de tracas à l'intelligence
comme à la volonté.

On peut aussi rester consciemment dans le doute, et profes-
ser l'agnosticisme pur. Mais cette position d'équilibre instable
paraît difficile à conserver longtemps; et, à de très rares excep-
tions près, ceux qui la prônent le plus ne tardent pas à verser
d'un côté ou de l'autre, le plus souvent dans le naturalisme;
témoin Auguste Comte et Spencer. — A moins que, semblable
à ces boules de sureau qu'on voit dans les cours de physique

6

osciller entre deux tiges contrairement électrisées, on ne passe
sa vie dans un perpétuel va-et-vient entre un naturalisme souvent presque cynique et la foi morale la plus édifiante. L'illustre
exemple de M. Renan est là pour prouver que cet exercice est
moins fatigant qu'il n'en a l'air ; c'est de plus le seul moyen certain de passer de temps à autre par le juste milieu. Seulement
cette agilité de criquet n'est pas à la portée de tout le monde.

On peut enfin se décider. Mais dans quel sens ? — Affaire
exclusivement individuelle, qui dépend de la tournure d'esprit,
ou de la volonté, de chacun. Ici encore, dans l'explication de ce
choix primordial, se retrouvent indéfiniment les mêmes partis
pris métaphysiques.

Ceux qui ont opté pour le point de vue moral, diront qu'ils
l'ont fait en vertu d'une libre décision de leur conscience, devant la sainteté de la loi du devoir, « le premier devoir étant de
croire au devoir. »

Les autres objecteront que c'est là une flagrante pétition de
principe, et que la véritable origine des opinions philosophiques
d'un homme est son tempérament, sa constitution psychophysique, le milieu, la race et l'occasion, l'hérédité et l'éducation,
— bref tout, sauf lui-même puisqu'il n'est rien en soi, et en
dernière analyse le développement mécanique de la sempiter-
nelle nébuleuse primitive.

A cela les premiers répondront que rien ne prouve que ce
prétendu développement mécanique ait jamais existé ailleurs
que dans l'intelligence des savants ; qu'au bout du compte les
explications de la science humaine valent ce que vaut l'entendement humain, et que l'impossibilité où nous sommes d'établir
la nécessité purement logique d'aucun fait réel laisse le champ
libre à toutes les opinions sur la raison dernière des choses —
et des décisions morales.

Sur quoi les autres répliqueront que ce subtil raisonnement
rappelle les beaux temps de la dialectique idéaliste, et n'a par
conséquent pas de valeur, n'étant évidemment qu'un fait d'ata-
visme produit, au cours de l'évolution, dans quelques cerveaux
encore insuffisamment adaptés au milieu scientifique moderne.

A quoi les premiers riposteront que pour une pétition de

principe..... Mais il n'y a pas de terme à ce jeu-là ; et le seul moyen d'en finir une fois avec ce stérile échange d'arguments est de le couper net comme les spéculations du docteur Panglosse : « Cela est bien dit, répondit Candide, mais il faut cultiver notre jardin. »

## Conclusion.

Et nous donc, pensez-vous sans doute, que nous voilà loin de notre objet primitif, la psychologie positive ! — C'est vrai. Pourtant cette longue digression n'aura pas été superflue si elle a contribué à mieux mettre en lumière l'idée qui était le but principal de cette étude : Que notre science n'est pas la métaphysique et n'y doit pas tomber. Or c'est y tomber que de trancher, dans n'importe quel sens, le problème de la liberté morale.

Lorsque la psychologie expérimentale suppose que tout est nécessaire, que les phénomènes psychiques s'enchaînent rigoureusement, que le libre arbitre n'existe pas plus dans son domaine qu'en physique ou en astronomie, elle ne fait qu'user de son droit et remplir son devoir, puisque cette supposition est sa condition même d'existence. Mais cela ne signifie point du tout que dans le fond elle ait raison. Car le déterminisme absolu des phénomènes a beau être, de par la constitution de notre entendement, la maxime directrice de toute investigation, le principe suprême, l'axiome constitutif de toute science, — de là à nier ou à affirmer qu'il soit l'expression de l'absolue vérité, il y a un abîme, en deçà duquel la science doit rester si elle ne veut cesser d'être la science indépendante et se changer en dogme philosophique.

Il ne faut pas en effet s'imaginer qu'on fasse moins de la métaphysique quand on la fait en érigeant en vérités absolues les principes de la science, que quand on recourt à d'autres sources pour concevoir et symboliser le Fond des choses. Du moment que ce dernier est en question, et que l'on s'occupe de la réalité essentielle du monde, de nous-mêmes ou de quoi que ce soit, on a quitté le terrain de l'expérience scientifique.

Qu'on adopte pour guide, dans la conception de l'Absolu, les lois de l'intelligence, c'est-à-dire le besoin d'identité logique et, à défaut, de causalité universelle, de nécessité rigoureuse, d'unité fondamentale, qui mène invariablement au monisme déterministe, quelle que soit sa nuance; — ou que, devant la banqueroute non moins invariable de la pensée en présence des mystères derniers de la réalité contingente, on se prenne à douter que l'intelligence soit l'essentiel en nous, et que pour saisir l'absolu on s'adresse à la conscience morale qui implique la réalité et la liberté des individus (sans préjudice d'ailleurs de leur solidarité entre eux); — dans les deux cas on sort également du domaine de la connaissance positive et l'on devient métaphysicien. Cela est certes permis; et il en est peu qui s'en privent. Mais beaucoup n'en conviennent pas, trouvant commode de laisser accroire au badaud que leur petit système de prédilection est l'unique autorisé, le seul authentique et véritablement scientifique. Comme si la science s'occupait de cela! Mais qu'importe, le pavillon couvre la marchandise et le tour est joué.

C'est à ce genre de contrebande qu'il convient de faire la guerre, parce que non seulement il entreprend sur la liberté de la pensée philosophique, mais il cause un tort grave aux sciences particulières, à celles surtout qui, comme c'est le cas de la Psychologie, n'ont pas encore derrière elles un long passé d'indépendance pour inspirer la considération.

Aussi le meilleur vœu qu'en terminant nous puissions faire en faveur de l'humanité pensante, c'est que tous ses membres en viennent un jour (les uns par l'irrésistible poussée de l'évolution, les autres par quelque acte inscrutable de leur libre arbitre) à réaliser la célèbre formule *In necessariis unitas, in dubiis libertas, in omnibus caritas*. Dont voici la traduction : dans l'indispensable, c'est-à-dire dans la culture des sciences et la pratique des vertus tant privées que sociales, un même zèle; dans l'indémontrable, c'est-à-dire en matière de croyances métaphysiques, une complète liberté individuelle; en tout et partout, la tolérance et le support mutuels, ces formes élémentaires, mais non les plus faciles, de la charité.

# NOTES

## I

## Sur le Principe de Parallélisme.

**Terminologie.** — Les principes de parallélisme et de dualisme psychophysiques n'ont point reçu jusqu'ici de baptême officiel, en ce sens qu'il n'est pas encore passé dans l'usage de les énoncer formellement en tête des traités de psychologie, comme on le fait au début des manuels de mécanique et de physique pour les lois d'inertie, de la composition des mouvements, etc. Mais de même que ces dernières vérités existaient à l'état latent dans les sciences de la nature depuis bien des années déjà, lorsque Newton les consacra définitivement en les inscrivant au fronton de son édifice sous le titre majestueux d'*Axiomata sive Leges motus*, de même les deux idées susdites pénètrent toute la psychologie expérimentale contemporaine et s'y rencontrent à maintes reprises sous des dénominations diverses mais à peu près équivalentes.

Cette abondance de synonymes se trouve souvent chez le même auteur. M. Wundt, par exemple, (pour ne parler d'abord que du principe de concomitance) se sert à tour de rôle des termes : Zusammenhang, Correlation, Coexistenz, Correspondenz, Parallelismus, begleiten, etc., pour exprimer la relation régulière que la psychologie admet entre le fait mental et le fait physique[1].

Il serait oiseux de discuter les avantages ou les inconvénients respectifs de chacune de ces expressions et de bien d'autres également employées; le temps et l'usage se chargeront de choisir entre elles. Notons

---

[1] W. Wundt, *Grundzüge der physiologischen Psychologie*. 3. Aufl. I, 26. II, 235, 540, etc. — *Essays* 116. — *Philosophische Studien* IV, 321. V, 340, 342. — *System der Philosophie*, Leipzig, 1889, p. 583, etc.

cependant d'une façon générale que, regardées de près, elles se divisent
en deux groupes, dont l'un n'évoque à l'esprit que l'idée d'un rapport
précis de temps (concomitance, accompagnement, simultanéité, coexistence, parallélisme, contemporanéité); tandis que l'autre y substitue plutôt celle d'un rapport de jonction interne (connexion, condition, correspondance, corrélation, union, liaison, etc.), ce qui me semble constituer
pour cette seconde classe une double infériorité. D'abord, en laissant dans
l'ombre la notion de simultanéité, elle peut donner lieu à l'erreur de
croire qu'il y a entre ces faits disparates une liaison d'antécédent à
consécutif, ou vice versa, — bref, que leur ensemble constituerait une
chaîne mixte où des événements purement psychiques (sensations, désirs,
volitions, etc.) viendraient s'intercaler entre des événements purement
physiques (innervations centripètes ou centrifuges); ce qui est inadmissible, la physiologie ne tolérant pas ces lacunes dans le déroulement des
processus matériels. Le second inconvénient est de favoriser l'idée d'un
nexus, d'une attache interne, d'un rapport de causalité, entre le fait
mental et le fait physique simultanés; et comme précisément cette existence d'un lien entre deux choses aussi hétérogènes est incompréhensible
pour notre intelligence, il vaut mieux n'y pas même faire allusion. Pour
dénommer le principe en question, j'ai donc préféré m'adresser à l'un des
synonymes du premier groupe, qui expriment purement et simplement
l'idée de simultanéité régulière. Quant aux raisons qui, parmi eux,
m'ont fait prendre ceux de parallélisme et de concomitance, elles sont
trop fugitives pour qu'il vaille la peine de les exposer.

**Des Faits physiques.** — Faits, événements, modifications ou
phénomènes *matériels, de mouvement, mécaniques, physiques, moléculaires, physico-chimiques, physiologiques, organiques, nerveux,* — tels
sont les principaux des innombrables termes employés pour désigner ce
qui se passe dans le corps simultanément aux faits psychiques. Lorsqu'on
les oppose et compare les uns aux autres, ils présentent les mêmes nuances et la même hiérarchie que les sciences dont relève l'étude du corps
humain et au langage desquelles ils sont empruntés. Mais lorsqu'on les
oppose simplement aux phénomènes de conscience, leurs nuances s'effacent et il s'établit entre eux une parfaite synonymie, puisqu'au bout du
compte ils désignent tous des mouvements de la matière dans l'espace.

Il ne faut pas oublier en effet que si l'étude de la nature se divise en
étapes successives ou étages superposés, Mécanique, Physique, Chimie,
Physiologie, cet échelonnement est dû uniquement à la considération
toute pratique du degré plus ou moins grand de complexité dans les sys-

tèmes et les mouvements que l'on étudie ; mais théoriquement toutes ces sciences forment un même tout, une seule série, et la tendance et l'idéal de chacune est de devenir un cas particulier de la précédente, et en dernier ressort de la mécanique. Il y a longtemps que l'idée d'une force vitale spéciale n'est plus en bonne odeur auprès des savants, et que les phénomènes biologiques les plus compliqués sont considérés comme résolubles, théoriquement tout au moins, en phénomènes physico-chimiques, comme ceux-ci en phénomènes purement mécaniques. Il est donc indifférent quand il s'agit uniquement d'exprimer la concomitance chronologique, en même temps que l'opposition de nature, des événements mentaux et des événements corporels, de se placer pour envisager et dénommer ces derniers au point de vue de l'une ou de l'autre des sciences du monde physique ; et l'on pourrait aussi bien appeler ce parallélisme et ce dualisme *psychomécaniques* que *psychophysiologiques*, etc. Ce dernier terme a été souvent employé, mais l'expression *psychophysique* également usitée a le mérite d'une plus grande brièveté. Il reste entendu d'ailleurs que le mot *physique* n'y est pas pris comme opposé à chimique, physiologique etc., mais comme embrassant au contraire toutes ces particularités-là.

**Des Faits psychiques.** — Faits, événements, modifications ou phénomènes *psychiques*, *psychologiques*, *de conscience*, *mentaux* (d'aucuns disent mentals) *spirituels*, *moraux*, etc. Tous ces qualificatifs à nuances variées, — de même que les termes pensée, sensation, désir, émotion, idée etc., désignant les divers groupes particuliers en lesquels se subdivise le domaine de notre conscience, — sont synonymes et équivalents dans leur rôle de contraste et d'opposition aux événements physiques concomitants. Ils désignent ces faits indéfinissables qui nous sont immédiatement connus parce que nous les vivons, mais qui restent à jamais incommunicables à autrui, aucun observateur étranger n'en pouvant constater directement la présence dans le sujet qui les a.

**Des prétendus Faits psychiques inconscients.** — Beaucoup d'auteurs font une distinction capitale entre *psychique* et *conscient ou mental* ; la conscience, le fait mental, ne serait qu'un accident ou une lueur accompagnant parfois, mais pas toujours, l'activité psychique. — Dans ce cas, il faudrait renoncer à l'épithète consacrée de *psychophysique* pour désigner le couple de l'événement physique et de l'événement mental ou conscient, et lui forger quelque substitut moins équivoque, tel que *conscio-* ou *mentophysique* Mais qu'est-ce qu'une activité *psychique inconsciente*, et en quoi diffère-t-elle d'une activité physique ? C'est ce qu'il n'est pas aisé de comprendre, car l'observation et l'expérience ne nous révèlent que deux sortes d'événements : les faits psychiques conscients, connus du sujet seul qui les éprouve, et les faits physiques ou de mouvement. Cela ne prouve certes pas qu'il n'y ait point d'autres formes d'existence que la conscience et le mouvement ; seulement, puisque nous ne connaissons que celles-là, à quoi bon en introduire d'autres qui (en admettant même qu'elles existent, ce qui n'est toujours qu'une simple supposition en l'air) nous échappent en tout cas absolument et se refusent à toute espèce de représentation de notre part ?

Pour justifier l'admission de ce *tertium quid* entre le fait de conscience et le fait purement physique, on invoque entre autres le cas d'actes compliqués comme jouer du piano, calculer de tête, etc., qui, d'abord exécutés avec pleine conscience, finissent en vertu de l'habitude prise par s'effectuer machinalement sans conscience aucune. Voilà bien, conclut-on, des actes psychiques inconscients. De même pour les opérations très complexes qu'il pourrait m'arriver de faire en somnambulisme ou dans d'autres conditions anormales, et dont je ne conserve aucun souvenir dans mon état ordinaire.

Mais il y a ici deux remarques à noter. D'abord le fait que je n'ai pas souvenir ou pas conscience du tout, ne prouve pas que ces phénomènes soient réellement inconscients ; car il peut y avoir de la conscience en dehors de mon *moi* (témoin mes semblables auxquels je prête bel et bien des phénomènes psychiques conscients quoiqu'ils me restent étrangers.) De ce que mes centres nerveux, par habitude ou état pathologique. fonctionnent sans que j'en aie conscience, il ne s'ensuit donc pas logiquement que personne n'en ait conscience ; peut-être y a-t-il d'autres *moi* pour lesquels il existe un concomitant mental à ces modifications physiologiques qui n'en ont pas pour le mien. Les curieux phénomènes observés chez les sujets hypnotisés, par exemple, amènent tout naturellement le psychologue désireux de les traduire et de les exposer dans sa langue habituelle, c'est-à-dire en phénomènes de conscience, à recourir à l'hypothèse qu'au même organisme correspond quelquefois une multiplicité de *moi*, ou de groupes séparés et distincts de phénomènes mentaux. Mais cette admission d'une activité psychique mentale *inconsciente pour le moi principal ou ordinaire*, est toute différente de la notion bâtarde d'une activité psychique *inconsciente tout à fait*, c'est-à-dire non mentale. Cette dernière notion n'a réellement pas de sens et ressemble singulièrement à une contradiction dans les termes.

Et, en second lieu, on pourrait fort bien ne pas prendre à la lettre cette hypothèse d'un même organisme accompagné d'une pluralité de *moi* ou de groupes mentaux étrangers les uns aux autres; et ne voir dans cette conception qu'une façon commode mais figurée d'exprimer en termes psychologiques les résultats fournis par l'observation, nécessairement externe, de ces êtres humains fonctionnant sans que leur moi habituel en ait conscience. Auquel cas, sans recourir non plus à une soi-disant activité psychique inconsciente, la science admettrait simplement que l'organisme est réduit à l'état d'une pure mécanique jouant toute seule; — est-il d'ailleurs jamais autre chose pour la physiologie? En d'autres termes, si dans le couple Conscience-Mouvement, qui nous constitue aux yeux de la psychologie expérimentale, l'élément conscience vient à manquer, eh bien il reste le mouvement; quoi de plus simple, et à quoi bon introduire une notion intermédiaire inintelligible?

Ce qu'il y a de bon, c'est qu'après avoir créé de toutes pièces ce fantôme d'une activité psychique inconsciente, les physiologistes dont je parle écrivent des pages et quelquefois des volumes pour le renverser et pour établir que l'activité psychique, abstraction faite de la conscience qui l'éclaire comme une lueur, n'est qu'un phénomène physique comme les autres, une combinaison chimique, un mouvement vibratoire! Il valait bien la peine alors de fabriquer cette belle notion, si c'était pour prouver ensuite qu'elle ne signifie rien, et que l'activité psychique dépouillée de la conscience n'est plus que l'activité physique!

Il en est de même des nombreuses expressions « raisonnement *inconscient*, sensation, sensibilité, intelligence *inconscientes*, etc. » qui pullulent dans les écrits des psycho-physiologistes modernes (sans parler des philosophes depuis Leibnitz). Comme formules descriptives commodes dans les cas où un individu organique réagit et se comporte sans conscience exactement comme il le fait ordinairement avec conscience, elles rendent les plus grands services et il serait aussi vain que ridicule de vouloir les proscrire du langage courant. Mais cette tolérance ne doit pas induire en erreur et les faire prendre au propre, car on tomberait dans le non-sens ou le mysticisme. Les mots « sensation, raisonnement, etc. » n'ont de signification réelle qu'appliqués à des données et des actes de la *conscience*; si celle-ci disparaît, il n'y a plus rien — que des phénomènes corporels, lesquels sont des décompositions chimiques, un tourbillonnement d'atomes dans les centres nerveux, mais non des sensations ou des raisonnements. Admettre qu'entre ces phénomènes de mouvement, et les phénomènes de conscience, il y aurait place pour des *sensations inconscientes*, c'est-à-dire des intermédiaires qui ne seraient plus du mouvement tout pur et pas encore de la conscience, c'est se lancer dans l'inconcevable. Si l'on y tient, il faudrait au moins avoir l'honnêteté de substituer à cet accouplement de mots qui jurent ensemble quand on les prend au pied de la lettre, un vocable absolument *nouveau* comme l'idée que l'on veut exprimer, et dire par exemple qu'entre les phénomènes exclusivement physiques et les phénomènes de conscience, il y a des phénomènes turlututus qui ne sont ni l'un ni l'autre.

**Des Conditions physiques de la Conscience.** — A chaque phénomène mental concret, déterminé, doit correspondre aussi un événement physique concret, déterminé, différent de celui qui accompagne un autre phénomène psychique. C'est à la psychologie physiologique à étudier d'une façon circonstanciée cette correspondance entre les deux séries parallèles ; ce qui lui assure du travail pour longtemps. — Mais, puisque tous les phénomènes psychiques, abstraction faite de leur diversité, ont un caractère commun (quoique non isolable) qui est précisément d'être *mentaux*, *psychiques*, *conscients*, on peut se demander si tous les événements physiques concomitants n'ont pas de leur côté certains caractères communs, qui seraient ainsi en quelque sorte le concomitant de la conscience en général. C'est ce que l'on entend par l'expression usitée de conditions physiques, loi physique, de la conscience.

Tout ce qu'on peut dire à l'heure actuelle sur ce sujet, sans entrer dans des détails trop spéciaux, c'est que la conscience a pour concomitant physique un événement qui a pour siège les cellules ou les fibres des centres nerveux, et qui consiste en une *décharge* ou *désintégration* atteignant un certain degré d'intensité et de durée [1].

En langage physico-chimique, cela signifie que la conscience a lieu lorsque certaines substances très complexes et instables du tissu nerveux se décomposent en produits moins complexes, avec dégagement, sous forme de vibrations caloriques, électriques et autres, d'une certaine quantité de force qui se trouvait à l'état latent dans ces substances. On peut assimiler cet événement à l'explosion de la poudre ou de la dynamite, qui met subitement en liberté la force emmagasinée comme affinités chimiques dans le mélange primitif.

En termes mécaniques, c'est de l'énergie potentielle ou de position qui

---

[1] Voir entre autres, pour plus de développements : Ribot, *Maladies de la mémoire*, 1881, p. 21-24. — Herzen, *La Loi physique de la Conscience*, dans la Revue de Genève, t. I, et plusieurs articles du même auteur dans la Revue philosophique. — Spencer, *Principes de psychologie*, t. I. — Etc.

se transforme en énergie cinétique ou de mouvement; et la meilleure image est ici celle d'un système matériel qui passe subitement d'un état où ses éléments étaient très éloignés les uns des autres, mais animés d'une faible vitesse, à un nouvel état où sous l'influence de leurs attractions mutuelles ils se sont rapprochés et ont acquis une vitesse plus considérable. Dans notre système solaire, par exemple, chaque planète se meut le plus lentement dans la région de son orbite qui est la plus éloignée du soleil, et son mouvement s'accélère à mesure qu'elle se rapproche de ce dernier. On peut donc concevoir qu'à un moment donné toutes les planètes se trouvent en même temps à leur plus grande distance de l'astre central et à leur minimum de vitesse; la force vive totale du système est alors la plus faible, tandis qu'elle sera la plus forte lorsqu'à une autre époque les planètes, se trouvant chacune à sa plus grande proximité du soleil, auront toutes leurs vitesses maximum. Eh bien, supposons que notre système solaire soit un cerveau très gros mais très simple (cette comparaison est permise, car pour les sciences physiques il n'y a qu'une différence de complexité, de degré, mais non de nature, entre notre organisme et un mécanisme quelconque); dans ce cas, la psychologie admettrait qu'il y a conscience pendant les périodes où la force vive totale augmente, tandis qu'il n'y en a pas lorsqu'elle diminue ou reste stationnaire. Exprimé d'un seul mot, le concomitant mécanique de la conscience est une *accélération*. — Ou un *écroulement*, si on préfère une autre image grossière, mais juste. La molécule nerveuse est un édifice architectural qui s'élève lentement, péniblement, pendant le sommeil. Durant ce travail de construction il ne se produit aucune conscience, sauf partielle et accidentellement, lorsque les maçons laissent choir une pierre ou démolissent un vieux pan de mur. Mais qu'une fois l'édifice achevé un tremblement de terre vienne le jeter à bas, alors la conscience se produit pendant la durée de l'effondrement, pour cesser dès que tout est écroulé. Les ouvriers se remettent aussitôt à l'œuvre pour réparer le désastre, qui se reproduira à la première occasion, accompagné d'un nouveau phénomène mental, et ainsi de suite. Toute notre veille n'est qu'une succession de catastrophes de ce genre dans les diverses parties de nos centres nerveux. (Il va sans dire qu'en langage savant on ne parle pas d'ouvriers ni de maçons, mais de forces physico-chimiques, de propriétés des tissus, d'influence mystérieuse de la vie, etc.).

Cette loi physique de la conscience, quels que soient les développements et les modifications que les progrès futurs de la science y pourront apporter, restera toujours pour le philosophe et le rêveur une source inépuisable de réflexions, auxquelles il est très instructif de s'adonner en se plaçant successivement aux divers points de vue métaphysiques. Je recommande ce petit exercice intellectuel au lecteur, lorsqu'il n'aura pas d'autre sujet de méditation.

**De l'étendue du Principe de Parallélisme.** — J'ai admis que tous les éléments de la vie psychique doivent être regardés comme ayant des corrélatifs physiques (quoique ceux-ci soient à l'heure présente à peu près inassignables dans le détail). — Mais cette opinion n'est pas partagée par tous les savants, et pour ne parler ici que des auteurs de deux des plus récents manuels de psychologie physiologique, M. Wundt et M. Ladd semblent considérer que les éléments ou matériaux sensibles de notre vie psychique ont seuls des concomitants physiques, tandis que l'activité proprement spirituelle, la fonction d'élaborer les données des sens, de les comparer, etc., serait indépendante des processus organiques.

M. Wundt a consacré à ce point, dans un de ses Essais[1], une page intéressante dont voici la traduction approximative : « Nous avons toute « raison d'admettre que les éléments sensibles, sensoriels, de notre ac- « tivité spirituelle sont tous liés à des processus physiques. Tous les pro- « grès de l'investigation confirment cette thèse, et aucune expérience ne « la contredit. Mais absolument rien, en revanche, ne nous autorise à « croire que ce qui, dans notre expérience interne, élabore ces données « sensibles et les combine suivant des lois logiques ou éthiques, soit lié « à des processus physiques spéciaux quelconques. Dans nos jugements, « nos raisonnements, nos sentiments esthétiques et moraux, tout ce qui « est image, représentation sensible, repose sur une base sensorielle; « cette participation des sens à notre vie spirituelle est déjà suffisamment « importante, car rien ne lui échappe : même le concept le plus abstrait « ne peut se présenter à notre conscience que sous la forme d'une image « sensible, qui le remplace et en tient lieu pour notre pensée; et les plus « sublimes comme les plus infimes de nos sentiments et de nos désirs « ont besoin de matériaux sensibles pour se développer et se manifester. « Mais quant à ce qui serait de rattacher à des processus physiologiques « l'élaboration intellectuelle de ces matériaux sensibles, non seulement « tout motif nous manque pour cela; mais nous nous voyons en outre « dans l'impossibilité de nous représenter comment un enchaînement de « processus cérébraux pourrait contraindre les représentations concomi-

---

[1] W. Wundt, *Essays*, Leipzig 1885, p. 118-119.

« tantes à s'unir sous la forme d'un jugement, ou à exciter notre plaisir
« esthétique. Sans doute je ne peux pas penser que *le blanc n'est pas noir*
« sans que les représentations du blanc et du noir viennent affecter ma
« conscience, ne fût-ce que comme images fugitives du souvenir, et ces
« images ne manquent pas de s'accompagner de leur corrélatif physiolo-
« gique; mais le travail logique, l'acte de comparaison, qui relie ces re-
« présentations en un jugement négatif, n'est pas encore contenu dans
« ces images, bien qu'il ne pût avoir lieu sans elles. Aussi ne faut-il pas
« dire, selon l'expression vulgaire, que *le cerveau pense*, mais bien qu'il
« tient à la disposition de notre activité spirituelle les auxiliaires sensi-
« bles indispensables à la pensée... »

M. Ladd est plus explicite encore dans la restriction qu'il apporte au
principe de parallélisme psychophysique [1]. « En recherchant les corréla-
« tions qui existent indubitablement entre le mécanisme nerveux et les
« phénomènes de conscience, on trouve que certains de ces derniers
« impliquent des activités de l'esprit qui n'admettent en aucun sens une
« corrélation de ce genre. » Et il en cite plusieurs cas :

D'abord la synthèse mentale renfermée dans toute intuition ou représentation d'un objet quelconque. Ce que nous appelons une chose n'est
pas un simple aggrégat de sensations sans lien entre elles, mais contient
toujours une unité, l'unité de la conscience. (Apercevoir ou penser une
orange, par exemple, suppose la réunion en un seul tout, en *une* idée,
des sensations multiples, présentes ou reproduites dans l'imagination,
par lesquelles ce fruit nous est donné : couleur, forme, poids, rugosité et
consistance au palper, odeur, goût, etc. Si ces éléments restaient isolés,
séparés, étrangers les uns aux autres comme le sont *votre* névralgie et
*ma* migraine, il n'y aurait point d'orange aperçue, point de « chose »
pensée ni représentée.) Eh bien cet acte de synthèse, d'unification, ne
saurait avoir de corrélatif dans le monde matériel où tout est dispersé,
multiple. « Cinquante millions de molécules, même en leur accordant
« une composition phosphorée extrêmement complexe et instable, et les
« mouvements tourbillonnants les plus merveilleux et les plus rapides,
« ne constituent certainement pas *une chose*. » Il est donc inconcevable
qu'aucune constitution ou activité moléculaire puisse servir de corrélatif
physique à l'unité d'une représentation ; celle-ci exige toujours une énergie unifiante, une unité dans l'esprit.

[1] George T. Ladd, *Elements of physiological Psychology*. London 1887,
p. 594 et suivantes.

Il existe en second lieu une quantité de croyances ou suppositions instinctives qui sont inséparablement mêlées à la perception sensible, quoique n'étant pas elles-mêmes de nature sensible ni susceptibles d'aucune vérification par un appel aux sensations. C'est ainsi que tous les hommes croient que les choses qu'ils perçoivent existent réellement indépendamment d'eux; qu'elles ont des attributs, qu'elles exercent des forces et agissent les unes sur les autres et sur nous; qu'elles sont étendues et mobiles dans l'espace, et continuent à exister sans interruption pendant plus ou moins longtemps. Que ces croyances populaires, spontanées (qui, dans le langage des philosophes, deviennent les catégories logico-métaphysiques de réalité, substance et inhérence, causalité, spatialité, etc.) soient vraies ou fausses, il n'importe ici; l'essentiel est seulement de remarquer l'impossibilité de concevoir une forme de mouvement qui puisse servir de base physique à ces croyances métaphysiques renfermées dans toutes nos connaissances. « Quelle espèce d'action nerveuse peut être « l'équivalent de cette croyance ou conviction inaltérable à la réalité et à « l'énergie causale de toutes les choses visibles et invisibles? Quel dé- « doublement dans la composition chimique des molécules nerveuses, ou « quelle différence dans leur mode de mouvement, peut-on concevoir « comme l'analogue ou la véritable cause de la distinction que nous fai- « sons, comme le langage l'atteste, entre une chose et ses attributs? »

Enfin les opérations supérieures de l'intelligence et de la volonté, les actes de mémoire avec reconnaissance d'un fait passé, de choix réfléchi, de discrimination, de jugement, etc., ne souffrent pas non plus qu'on leur assigne un corrélatif physique. Le retour, par exemple, d'une même phase d'excitation dans un centre nerveux peut bien expliquer l'apparition d'une image semblable à une image qui a eu lieu antécédemment, mais cela ne rend aucunement compte du fait mental qui consiste à *reconnaître la similitude* de l'image présente avec une autre disparue depuis longtemps, tout en distinguant la présente comme différenciée de l'ancienne par l'époque où celle-ci a eu lieu.

J'ai tenu à résumer ici ces considérations, parce qu'elles sont en soi parfaitement justes. L'unité synthétique qui est un trait inaliénable de notre conscience, les catégories de la pensée logique et métaphysique, l'activité intellectuelle sous toutes ses formes, sont en effet irréductibles aux phénomènes physiologiques. Mais n'en peut-on pas dire autant des sensations auxquelles ces auteurs accordent pourtant des corrélatifs physiques? Cette ligne de démarcation qu'ils tirent entre les matériaux *sensibles* de la vie mentale qui seuls seraient liés à des événements nerveux, et *l'activité* formelle, coordinatrice, qui sous toutes ses formes en serait indépendante, est sans doute l'écho de la fameuse distinction kantienne entre la sensibilité et l'entendement, la matière et la forme de toutes nos pensées. Dans la théorie de la connaissance et l'analyse de nos faits psychologiques, cette distinction a certainement sa raison d'être; mais peut-on en dire autant ici? L'abîme qui sépare les phénomènes de mouvements de la conscience est aussi grand et irrémédiable lorsque il s'agit des facteurs inférieurs de cette dernière, des sensations et des perceptions, que lorsque ce sont les facteurs supérieurs que l'on envisage. Si je ne vois aucun rapport entre les actes de comparer, affirmer, nier, croire à l'existence objective des choses, etc., et des mouvements moléculaires quelconques, je n'en aperçois pas davantage entre ces derniers et les sensations rouge, bleu, amer, etc.; — et si à celles-ci correspond pourtant toujours quelque événement physique dans le cerveau, pourquoi les premiers actes ne seraient-ils pas également mis en parallèle avec certaines conditions ou circonstances du jeu physiologique des centres nerveux? Assurément le moment n'est pas encore venu, et il ne viendra probablement jamais, où l'on pourra dire : la croyance à la réalité extérieure, impliquée dans toutes nos perceptions, a pour concomitant ou pendant physiologique *tel* caractère du mouvement cérébral; les jugements affirmatifs sont accompagnés de *telle* distribution de l'énergie, différente de celle qui accompagne les jugements négatifs, etc. Mais si on ne peut guère espérer pratiquement en arriver là, la chose n'est pas théoriquement impossible, et ce ne serait pas plus étrange en soi que la simultanéité régulière de la sensation rouge avec une désintégration nerveuse dans tel groupe de fibres et cellules.

Il faut du reste ajouter que M. Wundt n'a pas abordé cette question dans son classique traité de Psychologie physiologique (preuve qu'il n'y attache pas grande importance); il n'y insiste que davantage, lorsque l'occasion se présente, sur le principe de concomitance et celui d'hétérogénéité, sans imposer de restriction au premier.

Et quant à M. Ladd, ses réflexions ont un but polémique, et sont dirigées, de son point de vue spiritualiste, contre les théories matérialistes qui prétendent *expliquer* toute la vie psychique par les phénomènes moléculaires correspondants et retrouver point par point dans ceux-ci l'équivalent exact de celle-là. Il a pleinement raison en réfutant cette absurdité; mais, encore une fois, les matériaux sensibles eux-mêmes, les sensations brutes, ne trouvent pas mieux leur explication, leur équivalent, dans les décharges des centres nerveux, que les opérations supérieures de l'esprit. C'est au principe de dualisme ou d'hétérogénéité, qui s'applique à tous les éléments de la vie psychique également, à faire justice de ces prétendues explications par quelque chose d'absolument disparate comme l'est le mouvement de la matière dans l'espace; et non au principe de parallélisme à recevoir d'emblée des limites toujours plus ou moins arbitraires.

**Des limites de la Vie psychique dans la nature.**
— Un très grand nombre de savants, dominés plus ou moins à leur insu par les idées philosophiques du monisme, n'hésitent pas à étendre le principe de concomitance non seulement à tous les phénomènes de conscience, mais inversement à tous les phénomènes matériels, en disant que « tout fait psychique a un corrélatif physique, *et réciproquement.* » Or il est clair que, comme l'a fort bien dit M. Wundt[1], tandis que la première partie de cette phrase est une supposition expérimentale parfaitement fondée, la seconde est une thèse issue de la métaphysique hylozoïste et dont l'expérience ne donne nulle part la confirmation. Aussi faut-il toujours se rappeler la non-convertibilité du principe de parallélisme au point de vue scientifique.

Mais alors surgit devant la pensée la grosse question de savoir jusqu'où la science doit faire descendre la vie psychique au sein du monde matériel, soit dans la série des êtres, soit dans le passé de l'individu, soit dans l'organisme. Cette question est impossible à résoudre d'une façon précise, toujours tiraillés que nous sommes entre des exigences théoriques et pratiques qui alternent avec une désespérante monotonie.

Instinctivement, je crois que mes semblables et les animaux supérieurs ont une vie mentale analogue à la mienne, tandis que je refuse ce privilège à la plante et à la pierre.

Théoriquement cependant, la nature fait un tout; l'enchaînement des êtres est continu, et ma pensée regimbe à l'idée de couper où que ce soit cette suite ininterrompue par une ligne tranchée en deçà de laquelle il y aurait de la conscience et au delà plus du tout. — Comme d'ailleurs je ne perçois directement aucune autre conscience que la mienne, et n'ai, à strictement parler, jamais affaire hors de moi qu'à des organismes matériels, le seul parti vraiment logique serait de ne point supposer en eux de faits mentaux et de ne voir partout, comme dans le système solaire ou dans ma montre, que des mécanismes plus ou moins compliqués.

Mais en pratique la science se trouve bien vite arrêtée par cette com-

---

[1] *Philosophische Studien.* Tome IV, p. 321.

plication même qui dépasse tellement toutes les ressources des mathématiques et de la physique; il est au contraire relativement aisé d'interpréter les organismes supérieurs au point de vue mental, de s'en faire une représentation par le dedans, — et les physiologistes, qui rigoureusement ne devraient voir dans les nerfs que des molécules et des vibrations diverses, comme le physicien dans un diapason ou un cristal, ne se font pas faute d'abandonner à chaque instant leur terrain propre pour se transporter sur celui de la psychologie. Faisons donc comme eux.

Ici la logique reprend : c'est très bien, mais alors soyez conséquent, et si vous admettez la douleur ou la faim chez le singe, le chien et le poulet, accordez-la aussi à tout ce qui se nourrit ou réagit quand on l'attaque, à l'escargot, à l'huître, aux infusoires, aux microbes.....

De nouveau l'utilité ou la possibilité pratique l'emporte : Comment concevoir la vie mentale d'un microbe? Il est encore moins malaisé de déterminer les conditions physico-chimiques de son existence que de se faire une idée de ses sentiments et de ses aspirations, et il y a tout lieu de croire que nous posséderons une chimie très complète de ces minuscules créatures beau longtemps avant d'avoir la moindre esquisse de leur psychologie. Et si l'on descend encore, jusqu'aux composés inorganiques et aux atomes, il devient impossible de leur prêter la moindre lueur de conscience, et le point de vue mécanique seul leur est applicable.

En d'autres termes, la pratique vous met dans cette désagréable position que le point de vue que vous adoptez comme seul concevable ou seul tolérable à un bout de l'échelle, devient toujours plus difficile à poursuivre et se trouve impossible à l'autre bout; et vice versa. Tandis que la théorie et la logique voudraient que, vu la continuité de la nature (*natura non facit saltum*), on la traitât tout entière d'une manière uniforme, ou mécaniquement, ou psychologiquement, ou parallèlement de ces deux façons à la fois.

Les choses étant ainsi, il faut renoncer bon gré mal gré à marquer d'un trait officiel et définitif l'endroit de l'univers où doit cesser l'admission des phénomènes de conscience à côté des événements physiques. Chacun le place où il veut, suivant la nature de ses études ou ses inclinations personnelles, — c'est affaire de commodité, purement et simplement, et avec la meilleure volonté du monde, les physiologistes ne peuvent pas tirer les profanes d'embarras sur ce point. Voici, à titre d'exemple intéressant, comment M. Richet exprime ses perplexités à ce sujet :

« A l'extrême rigueur, en poussant le raisonnement à l'absurde, je « pourrais dire qu'il n'y a de conscience qu'en moi; et que tous les

7

« autres phénomènes qui m'entourent sont, quels qu'ils soient, de purs
« mécanismes, sans aucune existence consciente. Mais ce scepticisme ridi-
« cule ne conduirait à rien; c'est un procédé de dialectique oiseux : il
« faut donc supposer à tous les hommes (dont la constitution anatomique
« et physiologique est semblable à la mienne) une conscience semblable
« à la mienne, quoique je ne puisse rendre témoignage que de mon *moi*.

« On voit mieux encore cette difficulté d'un témoignage extérieur
« pour la conscience, quand on cherche à savoir si les animaux ont une
« conscience.

« On appuie sur la patte d'un chien, et il crie. Est-ce que ce cri est
« un simple mouvement réflexe? Ou y a-t-il en même temps conscience?
« Les signes de la douleur, non équivoques, qu'il donne par une mimi-
« que très expressive, me font supposer qu'il souffre. Mais enfin je pour-
« rais, comme les Cartésiens de Port-Royal, supposer qu'il n'y a rien là
« qu'une horloge remontée et dont on ébranle un petit mécanisme qui
« fait crier et prendre l'apparence de la souffrance.

« Toutefois le bon sens, guide précieux, et dont il ne faut jamais
« s'écarter, nous indique que le chien souffre. Quoique, au point de vue
« du rigorisme scientifique poussé à l'absurde, il me soit impossible
« d'affirmer sa souffrance, j'y crois, car je vois une telle analogie entre
« ce qu'il fait et ce que font les hommes quand ils souffrent, qu'il me
« paraît impossible de lui refuser la souffrance, et par conséquent la
« conscience.

« Mais si, du chien, nous passons à la grenouille, la difficulté devient
« tout à fait réelle et sérieuse. *Je crois bien que les grenouilles souffrent*
« quand on les pique sur une planchette de liége; mais je n'en suis pas
« absolument convaincu, ou plutôt je crois cette souffrance si obscure, si
« vague, que selon moi la grenouille souffre à peine et n'a presque pas
« de conscience.....

« Si de la grenouille nous passons aux êtres inférieurs, aux Crustacés,
« aux Annelés, aux Vers, aux Coralliaires, *nous avons vraiment le droit*
« *de leur refuser une conscience.* Chez eux la sensation, en tant que
« phénomène affectif, existe peut-être, mais rien ne nous autorise à le
« supposer..... Qu'on coupe en deux un lombric : les deux tronçons vont
« se débattre convulsivement. Dira-t-on qu'ils souffrent tous les deux,
« ou bien, ce qui me paraît beaucoup plus rationnel, ne pensera-t-on
« pas que le traumatisme a déterminé une violente réaction réflexe ?...
« Il faut se contenter d'inductions peu précises et peu scientifiques. Et
« alors, dans notre incertitude, nous refuserons la conscience aux ani-

« maux inférieurs, et nous accorderons aux animaux d'un rang moyen
« dans la hiérarchie zoologique une conscience extrêmement vague et
« confuse, qui se précise chez les animaux supérieurs, et qui enfin
« devient tout à fait nette et développée chez l'homme[1]. »

D'après les lignes que j'ai soulignées, M. Richet serait disposé à placer
quelque part entre la grenouille et le lombric le niveau au-dessous duquel
le lit de la conscience est à sec. Mais lisez maintenant, je suppose, les
curieuses études de M. Binet sur les infusoires[2], et je serai bien étonné
si votre *bon sens* résiste à la tentation de prêter une vie mentale, même
joliment développée, à ces petites bêtes qui se trouvent pourtant bien des
degrés plus bas que le ver de terre dans l'échelle zoologique. Que conclure de là, sinon que nous sommes en face d'un de ces problèmes où
même le bon sens (guide précieux dont il ne faut jamais s'écarter, suivant M. Richet; et la chose du monde la mieux partagée, d'après
Descartes) ne réussit pas à nous sortir du pétrin. — Quant à la science
positive, si on lui demandait son avis, elle répondrait sans doute avec son
scepticisme utilitaire habituel : La vie psychique? Elle existe partout où
l'on en est réduit à l'invoquer pour expliquer les mouvements et réactions
d'un corps; mais partout où l'on peut espérer se tirer d'affaire avec des
explications chimico-physico-mécaniques, sans recourir à son intervention, elle n'existe pas. — Pour ce qui est enfin de la métaphysique, à qui
sait l'interroger elle répond exactement ce qu'il désire sur cet intéressant
problème.

Les mêmes difficultés se présentent lorsque je me demande si toutes les
parties de mon organisme, et d'abord mes centres nerveux inférieurs, ma
moelle épinière par exemple, jouissent d'une conscience plus ou moins
vague. Mais ce point est trop spécial pour être abordé ici.

Et de nouveau lorsque je fouille dans mon passé. Mes souvenirs me
reportent jusqu'à ma quatrième année (on cite des cas de réminiscences
datant des premiers mois de la vie); mais, auparavant, le *bon sens* me dit
qu'il y a eu indubitablement des lambeaux de vie psychique précurseurs
de mon moi actuel, qui ne s'est pas formé tout d'un coup. Seulement où
faut-il accrocher le bout de cette chaîne? Le bon sens toujours m'oblige
à admettre que ma conscience s'élaborait déjà en partie pendant mon
existence embryonnaire[3]; mais pour en trouver la véritable origine, me

---

[1] Ch. Richet. *Essai de Psychologie générale*. Paris 1887, p. 117-120.
[2] Binet. *La vie psychique des micro-organismes*. Revue Philosophique
tome XXIV. (Novembre et décembre 1887.)
[3] Voir par exemple Perez. *L'âme de l'embryon et l'âme de l'enfant*.
Revue Philosophique, tome XXIII. (Juin 1887).

faudra-t-il remonter jusqu'à l'ovule et au germe dont je suis issu? puis, à travers toute la série de mes ancêtres humains et animaux, jusqu'à la première goutte de protoplasme vivant qui soit apparue sur notre globe encore chaud, et au delà, par les molécules et les atomes qui l'ont formée, jusqu'à la nébuleuse où les six douzaines de corps simples de nos chimistes étaient encore confondus dans l'homogénéité indifférenciée du « protyle » ou de la matière primordiale ? — Et si je ne veux pas aller si loin, — où poser les divisions et fixer la naissance de la conscience en général, et de la mienne en particulier ?

Encore des questions qu'il est préférable d'abandonner aux sages méditations du lecteur, en lui recommandant d'essayer, les unes après les autres, les diverses solutions dont elles lui sembleront susceptibles dans les doctrines philosophiques opposées; spiritualiste, matérialiste, phénoméniste, etc.

## II

## Sur le Principe de Dualisme.

**Terminologie et Citations.** — Ici encore on a le choix entre un grand nombre d'expressions pour désigner l'incapacité où se trouve notre intelligence, de saisir aucune analogie de nature entre les phénomènes de conscience et les phénomènes mécaniques correspondants. On peut dire que la Conscience et le Mouvement sont *hétérogènes, disparates, incomparables, sans équivalence* entre eux; *sans transformation* possible de l'un dans l'autre, *irréductibles* l'un à l'autre, *impossibles à déduire* l'un de l'autre, etc. L'essentiel n'est pas tant de tomber d'accord sur le mot que de bien saisir la chose. C'est pourquoi je crois utile de rappeler quelques-uns des passages de la littérature psychologique et physiologique contemporaine, où des auteurs d'une autorité incontestée ont exprimé chacun à sa manière ce sentiment d'impuissance intellectuelle qui s'empare des savants en face du dualisme psychophysique, et qui arrachait à l'aliéniste Griesinger ce mot désespéré : « Même quand un ange descendrait du ciel pour nous expliquer ce mystère, notre esprit ne serait pas capable de le comprendre[1]. »

---

[1] Cité par Jaccoud. Voir plus loin, p. 108..

A propos du commerce de l'âme et du corps, et de notre tendance à croire que les modifications de ce dernier soient la raison suffisante de ce qu'éprouve la première, Lotze rappelle dans les termes suivants l'abîme qui sépare ces deux choses :

« Toutes les déterminations dont sont susceptibles les éléments maté-
« riels de la nature externe ou de notre propre corps (soit qu'on consi-
« dère ces éléments isolément ou dans leurs groupements variés), sont
« des déterminations de densité, de volume, de mouvement, de mélange.
« Or tout cela est absolument hétérogène (*völlig unvergleichbar*) à la
« nature propre des états spirituels, sensations, sentiments, efforts.
« Aussi sommes-nous dans l'erreur quand nous croyons voir ces derniers
« phénomènes résulter des premiers ; en fait, nous les voyons seulement
« leur succéder. Il n'y a en effet pas d'analyse qui puisse nous faire dé-
« couvrir dans la composition chimique d'un nerf, dans la tension, l'ar-
« rangement et la mobilité de ses plus petites particules, la raison pour
« laquelle une onde sonore aérienne propagée jusqu'à ce nerf devrait y
« produire autre chose encore qu'une modification de son état physique.
« Nous aurons beau suivre l'excitation le long du nerf, la faire changer
« mille fois de forme et se métamorphoser en mouvements de plus en
« plus subtils et délicats, jamais nous n'arriverons à montrer qu'un
« mouvement ainsi produit doive, en vertu de sa nature même, cesser
« d'exister en tant que mouvement et renaître sous forme de sensation
« de sonorité, d'éclat lumineux ou de douceur au goût. Nous sommes
« toujours en présence du même saut entre le dernier état concevable des
« éléments matériels, et la première apparition de la sensation ; et
« personne sans doute ne caressera le vain espoir de voir jamais les
« progrès de la science découvrir un mystérieux passage, là où l'im-
« possibilité de toute transition s'impose à nous avec la plus claire évi-
« dence[1]. »

Et ailleurs[2] : « Quelque complexité de mouvements que nous puissions
« prêter par la pensée à un ensemble d'éléments matériels, jamais il ne
« viendra un moment où nous pourrons dire : maintenant il va de soi
« que cette somme de mouvements ne peut plus rester mouvement, mais
« doit forcément se métamorphoser en douceur, clarté ou sonorité. Il va
« de soi au contraire qu'elle ne pourra jamais donner autre chose que
« des mouvements... Il y a donc ici une borne imposée à toute recherche

[1] H. Lotze. *Microcosmus*, 3me édit. Leipzig 1876. I, 164-165.
[2] Id. *Metaphysik*. Leipzig 1879, p. 474-475.

« tant physiologique que psychologique ; ce serait une entreprise complè-
« tement stérile que de vouloir montrer comment un processus physique
« nerveux peut se changer en sensation ou en quelque autre processus
« mental. »

Lotze ne pensait donc pas qu'il suffit d'invoquer la complexité des mouvements qui s'effectuent sous notre crâne pour expliquer l'apparition de
la conscience, comme se l'imaginent certaines personnes. Ce n'est pas
rare, en effet, de rencontrer des étudiants, intelligents d'ailleurs, qui vous
tiennent des raisonnements dans le goût de celui-ci : « Il est clair que les
simples vibrations des atomes d'une planche ou les mouvements des planètes autour du soleil ne peuvent pas produire des sensations ; mais les
tissus vivants, les cellules nerveuses, sont le siège d'une telle *complexité*
organique qu'on ne voit pas pourquoi tous ces mouvements réagissant les
uns sur les autres, s'adaptant en un tout harmonique et s'intégrant par
une évolution graduelle, ne finiront pas par produire la sensation et la
conscience. » C'est le privilège des grands mots vagues d'*intégration*,
*organisation*, *évolution* et autres pareils, qu'ils sont propres à tout, et
qu'appliqués au bon endroit ils sont capables des prodiges les plus inat-
tendus, même de transformer le mouvement mécanique en pensée. Par
malheur ce privilège disparaît d'habitude devant la réflexion ; et les savants les mieux placés pour apprécier la complexité de nos centres nerveux
sont souvent les plus sceptiques à l'endroit de ces lumineuses explications.
Écoutez par exemple le physiologiste anglais Ferrier, si connu par ses
recherches sur les localisations cérébrales. En abordant l'étude des faits
psychologiques, il déclare qu' « aucune recherche purement physiologi-
« que ne peut expliquer le phénomène de la conscience ; » et un peu
plus loin il écrit :

« Il est maintenant si bien établi et reconnu que le cerveau est l'or-
« gane de la pensée et que les opérations mentales ne sont possibles que
« par et dans le cerveau, que nous pouvons sans discussion partir de ce
« fait comme d'un point définitivement acquis.

« Mais comment se fait-il que des modifications moléculaires dans les
« cellules cérébrales coïncident avec des modifications de la conscience ;
« comment, par exemple, les vibrations lumineuses tombant sur la ré-
« tine excitent-elles la modification de conscience nommée sensation vi-
« suelle ? Ce sont là des problèmes que nous ne saurions résoudre. Nous
« pouvons réussir à déterminer la nature exacte des changements molé-
« culaires qui se produisent dans les cellules cérébrales lorsqu'une sensa-
« tion est éprouvée, mais ceci ne nous rapprochera pas d'un pouce de

« l'explication de la nature fondamentale de ce qui constitue la sensation.
« L'un est objectif et l'autre est subjectif, et aucun d'eux ne peut s'ex-
« primer en fonction de l'autre. Nous ne pouvons pas dire qu'ils soient
« identiques, ni même que l'un passe dans l'autre, mais seulement, se-
« lon l'expression de Laycock, qu'ils sont en relation l'un avec l'autre,
« ou, avec Bain, que les changements physiques et les modifications
« psychiques sont les côtés objectif et subjectif d'une « unité à deux
« faces[1]. »

Le premier de ces deux alinéas est la reconnaissance du principe de
concomitance; le second exprime et développe l'axiome d'hétérogénéité.
Il faut seulement noter que la dernière ligne s'écarte du terrain strictement scientifique, positif, pour tomber dans la philosophie moniste. Le
savant ne connaît en effet que les « deux faces » et quand il plaît à
M. Bain de glisser entre elles une « unité » insondable et inaccessible en
elle-même, ça laisse la science aussi indifférente que quand Malebranche
ou Leïbnitz y introduisaient la divinité.

Cette déviation vers la métaphysique a été évitée dans le morceau, tant de
fois reproduit, où M. Tyndall, l'illustre physicien, exprime aussi, d'abord
le parallélisme, et ensuite l'hétérogénéité des deux ordres de faits :

« Je crois que tous les grands penseurs, qui ont étudié ce sujet, sont
« prêts à admettre l'hypothèse suivante: que tout acte de conscience,
« que ce soit dans le domaine des sens, de la pensée ou de l'émotion,
« correspond à un certain état moléculaire défini du cerveau, que ce rap-
« port du physique à la conscience existe invariablement ; de telle sorte
« que, étant donné l'état du cerveau, on pourrait en déduire la pensée
« ou le sentiment correspondant, ou que, étant donné la pensée ou le sen-
« timent, on pourrait en déduire l'état du cerveau. Mais comment faire
« cette déduction? Au fond, ce n'est pas là un cas de déduction logique.
« C'est tout au plus un cas d'association empirique. Vous pourrez ré-
« pondre que bien des déductions de la science ont ce caractère d'empi-
« risme ; celle par exemple par laquelle on affirme qu'un courant élec-
« trique circulant dans une direction donnée fera dévier l'aiguille
« aimantée dans une direction définie. Mais les deux cas diffèrent en ceci,
« que si l'on ne peut démontrer l'influence du courant sur l'aiguille, on
« peut au moins se la figurer, et que nous n'avons aucun doute qu'on
« finira par résoudre mécaniquement le problème; tandis qu'on ne peut

[1] Ferrier. *Les fonctions du cerveau*, trad. par H. de Varigny. Paris
1878, p. 409-411.

« même se figurer le passage de l'état physique du cerveau aux faits
« correspondants du sentiment. — Admettons qu'une pensée définie cor-
« responde simultanément à une action moléculaire définie dans le cer-
« veau. Eh bien! nous ne possédons pas l'organe intellectuel, nous
« n'avons même pas apparemment le rudiment de cet organe, qui nous
« permettrait de passer par le raisonnement d'un phénomène à l'autre.
« Ils se produisent ensemble, mais nous ne savons pas pourquoi. Si
« notre intelligence et nos sens étaient assez perfectionnés, assez vigou-
« reux, assez illuminés, pour nous permettre de voir et de sentir les
« molécules mêmes du cerveau ; si nous pouvions suivre tous les mouve-
« ments, tous les groupements, toutes les décharges électriques, si elles
« existent, de ces molécules ; si nous connaissions parfaitement les états
« moléculaires correspondant à tel ou tel état de pensée ou de senti-
« ment, nous serions encore aussi loin que jamais de la solution de ce
« problème : Quel est le lien entre cet état physique et les faits de la
« conscience? L'abîme qui existe entre ces deux classes de phénomènes
« serait toujours intellectuellement infranchissable. Admettons que le
« sentiment *amour*, par exemple, corresponde à un mouvement en spi-
« rale dextre des molécules du cerveau, et le sentiment *haine* à un mou-
« vement en spirale senestre. Nous saurions donc que quand nous ai-
« mons, le mouvement se produit dans une direction, et que quand nous
« haïssons, il se produit dans un autre; mais le POURQUOI? resterait en-
« core sans réponse [1]. »

Après avoir cité cette belle page, M. Taine la corrobore par les lignes
suivantes [2], où est excellemment indiquée la position neutre que la psychologie positive doit garder entre les deux penchants opposés, qui tendent
si souvent à entraîner les physiologistes vers le matérialisme et les philosophes vers le spiritualisme :

« Ainsi l'expérience la plus vulgaire nous montre les deux faits
« comme inséparablement liés l'un à l'autre, et leurs représentations les
« montrent comme absolument irréductibles l'un à l'autre. D'un côté,
« on éprouve que la pensée dépend du mouvement moléculaire céré-
« bral ; de l'autre côté, on ne conçoit pas qu'elle en dépende. — Là-
« dessus, les physiologistes oublient volontiers la seconde vérité et
« disent : Les événements mentaux sont une fonction des centres ner-

[1] Tyndall. *Les forces physiques et la pensée*. Revue des Cours scientifiques, 5 déc. 1868.
[2] H. Taine. *De l'Intelligence*, 3ᵐᵉ édit., 1873, I, 320.

« veux, comme la contraction musculaire est une fonction des muscles,
« comme la sécrétion de la bile est une fonction du foie. — De leur
« côté les philosophes oublient volontiers la première vérité et disent :
« Les événements moraux n'ont rien de commun avec les mouvements
« moléculaires des centres nerveux et appartiennent à un être de nature
« différente. — Sur quoi les observateurs prudents interviennent et
« concluent : Il est vrai que les événements mentaux et les mouvements
« moléculaires des centres nerveux sont inséparablement liés entre eux ;
« il est vrai que pour notre esprit et dans notre conception ils sont abso-
« ment irréductibles entre eux ; nous nous arrêtons devant cette difficulté,
« et nous n'essayons même pas de la surmonter ; résignons-nous à
« l'ignorance. »

M. Taine ne pouvant, comme on le sait, se résigner à l'ignorance, se
jette à corps perdu, dans les pages suivantes, au sein de ce monisme
idéaliste qu'il a contribué à mettre à la mode par son exemple et l'éclat
de son style. En cela faisant, il use de son droit d'homme et de philosophe, mais il quitte la position d'observateur prudent, c'est-à-dire de
savant, qui seule nous occupe ici. C'est bien en effet le « résignons-nous
à l'ignorance » qui est et restera la vraie devise de la science devant le
mystère dont il s'agit. Mettez-la en latin, et vous aurez l'*Ignorabimus*
par lequel M. du Bois-Reymond terminait, il y a près de vingt ans, son
fameux discours sur les « Bornes de la Philosophie naturelle, » qui a eu,
et possède encore, le don d'agacer au suprême degré les gens dont la
science est sans bornes et pour lesquels l'âme même des atomes n'a rien
de caché. Il faudrait la reproduire tout entière ici, cette admirable
exposition des limites infranchissables que tracent à jamais, devant l'intelligence humaine, d'un côté l'essence de la matière et de la force, et de
l'autre la genèse de la conscience. Mais ceux que ne scandalise pas la
la vue de notre impuissance sauront bien lire au complet les pages du
physiologiste berlinois, et je me borne à en extraire quelques passages
où il montre que la plus haute connaissance que nous puissions jamais
avoir d'un organe matériel, la *connaissance astronomique*, quand nous la
posséderions du cerveau, ne nous apprendrait rien sur la formation de la
pensée.

« Par connaissance astronomique d'un système matériel, j'entends
« une connaissance de ses parties constituantes, de leur situation respec-
« tive et de leurs mouvements, telle que la situation et les mouvements
« de ces parties à un instant donné antérieur ou futur puissent se calcu-
« ler avec le même degré de certitude que la situation et les mouvements

« des corps célestes (en supposant l'exactitude absolue des observations
« astronomiques, et la perfection absolue de la mécanique céleste)...

« Imaginons maintenant que nous ayons atteint à la connaissance as-
« tronomique d'un muscle, d'une glande, d'un organe électrique ou lu-
« mineux à l'état d'activité, d'une cellule vibratile, d'un végétal, d'un
« ovule au contact du sperme, de l'embryon à un degré quelconque de
« développement. Nous posséderions alors la connaissance la plus par-
« faite possible de ces systèmes matériels, et notre besoin de remonter
« aux causes serait satisfait jusqu'à ne nous laisser rien à désirer, sinon
« de comprendre l'essence de la force et de la matière. Contraction mus-
« culaire, sécrétion glandulaire, décharge de l'organe électrique, phos-
« phorescence de l'organe lumineux, mouvement vibratile, croissance et
« activité chimique dans les cellules du végétal, fécondation et dévelop-
« pement de l'ovule : tous ces phénomènes qu'entoure aujourd'hui une
« obscurité désespérante seraient devenus aussi intelligibles que les
« mouvements des planètes.

« Supposons, de l'autre côté, que nous soyons arrivés à la connais-
« sance astronomique de l'encéphale de l'homme, ou même seulement de
« l'organe analogue d'une créature infime dont l'activité intellectuelle se
« borne à la sensation de bien-être et de déplaisir. Quant aux phénomè-
« nes matériels de l'encéphale, notre compréhension serait aussi parfaite,
« et notre besoin de remonter aux causes serait satisfait au même de-
« gré, qu'à l'égard de la contraction ou de la sécrétion... Et certes que
« ce serait un grand triomphe de la science si nous pouvions affirmer
« que tel phénomène intellectuel est accompagné de tels mouvements
« d'atomes déterminés dans certaines cellules ganglionnaires et certains
« tubes nerveux! Quoi de plus intéressant que de pouvoir ainsi assister,
« par la pensée, au jeu de notre mécanique cérébrale pendant une opé-
« ration d'arithmétique, exactement comme nous assistons à celui d'une
« machine à calculer ; ou même simplement de savoir quel mouvement
« cadencé d'atomes de carbone, d'hydrogène, d'azote, d'oxygène, de
« phosphore, etc., correspond à la jouissance que nous procure l'harmo-
« nie musicale, quel tourbillon de semblables atomes répond à l'acmé de
« la volupté, et quel ouragan moléculaire accompagne l'horrible souf-
« france que cause l'irritation du nerf trijumeau. L'espèce de satisfac-
« tion intellectuelle que nous procurent les éléments de psychophysique
« créés par M. Fechner, ou les expériences de M. Donders sur la durée
« des opérations primitives de l'esprit, fait présager quel serait notre
« transport en voyant ainsi se déchirer le voile qui recouvre les condi-
« tions matérielles des phénomènes intellectuels.

« Mais pour ce qui regarde ces phénomènes eux-mêmes, il est aisé
« de voir qu'alors même que nous posséderions la connaissance astrono-
« mique du cerveau, ils nous seraient tout aussi incompréhensibles qu'à
« présent. En dépit de cette connaissance, nous serions arrêtés par ces
« phénomènes comme par quelque chose d'incommensurable. La con-
« naissance astronomique de l'encéphale, c'est-à-dire la plus intime à
« laquelle nous puissions aspirer, ne nous y révèle que de la matière en
« mouvement. Mais aucun arrangement ni aucun mouvement de parties
« matérielles ne peut servir de pont pour passer dans le domaine de l'in-
« telligence...

« Quel rapport imaginable y a-t-il entre certains mouvements de cer-
« taines molécules dans mon cerveau d'une part, et d'autre part les faits
« primitifs, indéfinissables, indéniables que voici : « J'éprouve de la dou-
« leur ou du plaisir ; j'ai la sensation du doux ; je sens l'odeur de rose ;
« j'entends un son d'orgue ; je vois du rouge ; et j'ai la certitude d'en
« pouvoir conclure immédiatement *donc je suis* » ? Le fait est qu'il nous
« est absolument et à tout jamais impossible de comprendre comment
« un certain nombre d'atomes de carbone, d'hydrogène, d'azote, d'oxy-
« gène, etc., ne seraient pas indifférents à la façon dont ils sont groupés
« et dont ils se meuvent, dont ils étaient groupés et se mouvaient, dont
« ils seront groupés et se mouvront. Il n'y a pas moyen de concevoir
« comment la pensée peut naître de leur action combinée [1]. »

Parmi les hommes de science qui ne dédaignent pas d'aborder à
l'occasion les questions philosophiques, M. du Bois-Reymond est un des
très rares spécimens parfaitement purs de l'Agnosticisme ou Positivisme,
c'est-à-dire du point de vue consistant à laisser la métaphysique de côté
pour se borner à déterminer les limites précises de l'intelligence scientifique, et à poser tout bonnement comme insolubles les problèmes que,
par sa nature même, la science ne pourra jamais résoudre. Or celui qui
nous occupe en est un des principaux.

D'ailleurs, même les savants qui ne se piquent pas de philosophie
s'arrêtent aussi devant le mystère qui plane sur la relation de la con-

---

[1] Du Bois-Reymond. *Ueber die Grenzen des Naturerkennens. (Les
bornes de la philosophie naturelle.* Revue scientifique du 10 octobre 1874).
Comparer sur le même sujet son discours ultérieur *Die sieben Welträth-
sel (Les sept énigmes du monde.* Résumé dans la Revue philosophique de
février 1882, t. XIII, 180). — Ces deux discours, prononcés en 1872 et
1880, ont eu de fréquentes éditions allemandes, et se retrouvent dans
le t. I des *Reden* von E. du Bois-Reymond, Leipzig 1886.

science et du mouvement mécanique, lorsque leurs études les amènent au bord de cet abîme. Voici par exemple, pour finir, l'aveu d'un physiologiste pur, et celui d'un clinicien : « Notons encore, dit Hermann dans « l'introduction de son petit manuel de physiologie[1], que dans une partie « des organes centraux certains processus matériels sont joints d'une « façon inexplicable à un phénomène complétement indéfinissable qu'on « nomme *représentation*. On désigne par le mot d'*âme* l'ensemble de « toutes les représentations actuelles et possibles d'un organisme. — Or « la tâche de la Physiologie consiste à déterminer les processus molécu- « laires de l'organisme, et à y ramener toutes les fonctions de ce der- « nier entendues comme nous l'avons exposé (c'est-à-dire comme phéno- « mènes mécaniques). Mais pour ce qui est des phénomènes de l'âme, « ils se dérobent à ce genre d'investigation scientifique, et restent hors « de la prise des sciences naturelles, celles-ci ne pouvant les faire rentrer « dans aucune de leurs notions. »

Et le professeur Jaccoud, en abordant les maladies de l'encéphale et après avoir rappelé l'organisation et le fonctionnement des centres ner- veux, ajoute en note[2] : « Ces enseignements de la physiologie scientifique « sont indéniables et leur vérité est à l'abri de toute atteinte; mais au « delà surgit une inconnue qui défie toutes les investigations : comment « une excitation cellulaire est-elle transformée en perception consciente « ou en détermination motrice intentionnelle? Sur cet écueil viennent « successivement sombrer tous les systèmes. Ainsi que le dit fort excel- « lemment le professeur Griesinger : Comment un phénomène matériel « physique se passant dans les fibres nerveuses ou dans les cellules gan- « glionnaires peut-il devenir une idée, un acte de la conscience? c'est ce « qui est absolument incompréhensible; je dirai plus, nous n'avons pas « idée de la manière dont on devrait seulement poser une question rela- « tivement à l'existence et à la nature des intermédiaires qui unissent « ces deux ordres de faits...; ce problème restera toujours insoluble pour « l'homme jusqu'à la fin des temps, et je crois que, quand même un ange « descendrait du ciel pour nous expliquer ce mystère, notre esprit ne « serait pas capable seulement de le comprendre. »

Cette liste de citations, qu'il serait aisé de grossir jusqu'à la matière

---

[1] L. Hermann. *Grundriss der Physiologie des Menschen*. 5. Aufl. Ber- lin 1874. p. 8. Voir encore, sur le même sujet, les excellentes réflexions de Fick, *Physiologie des Gesichtssinns* dans le Handbuch der Physio- logie herausg. v. Hermann, Leipzig 1879. Bd III. Th. I. p. 160 suiv.
[2] Jaccoud. *Traité de pathologie interne*. 5 édit. 1877. I, 109.

d'un volume, est plus que suffisante pour attirer l'attention du lecteur
sur l'hétérogénéité de la conscience et du mouvement. Davantage serait
superflu ; et ceci même est assurément déjà trop, car on n'apercevra
jamais, si on ne l'aperçoit très vite, la vérité des propositions à la fois
indémontrables et évidentes de soi, — deux caractères qui distinguent le
Dualisme Psychophysique et lui méritent bien le nom d'Axiome.

**Discussion récente sur la prétendue équivalence mécanique des faits psychiques.** — Une vue distincte des
deux principes de parallélisme et d'hétérogénéité épargnerait souvent
bien des malentendus à des savants qui sont au fond d'accord, sinon en
fait de croyances métaphysiques, du moins sur l'esprit dont la science
positive doit s'inspirer, mais que l'emploi des mêmes termes en des sens
différents jette dans de futiles querelles. On en trouvera un instructif
exemple dans la curieuse polémique dont les colonnes de la *Revue Scientifique* ont été récemment le théâtre, et à laquelle ont pris part des biologistes du plus haut mérite.

Dans une leçon d'ouverture, M. Gautier, professeur de chimie biologique à la faculté de médecine de Paris, déclara que la présence des faits
de conscience chez un animal n'influe pas sur la quantité d'énergie qui
se dépense en lui sous forme de chaleur ou de travail mécanique ; en
d'autres termes qu'il n'y a pas à tenir compte des phénomènes psychiques
dans l'évaluation des transformations physico-chimiques dont les centres
nerveux sont le siège. « La sensation, la pensée, le travail d'esprit n'ont
« point d'équivalent mécanique, c'est-à-dire qu'ils ne *dépensent point*
« *d'énergie*. Ils ne sont point un travail, une transformation de l'énergie
« mécanique, et ne lui équivalent point[1]. » Ou, comme il le dit dans
un article subséquent[2] : « La pensée n'est pas une forme de l'énergie. »

A cette opinion, M. Richet, professeur de physiologie à la même faculté,
répondit par la thèse diamétralement opposée, que la sensation, la pensée, le travail psychique ont certainement un équivalent mécanique, et ne
sauraient se soustraire à la grande loi de la conservation de l'énergie,
suivant laquelle nulle part, pour aucun phénomène, la force n'apparaît
sans provenir d'une énergie quelconque, sans avoir un certain équivalent
thermique ou mécanique[3].

[1] Gautier, *L'origine de l'Énergie chez les êtres vivants.* Revue scientifique du 11 déc. 1886.
[2] Gautier, *La Pensée.* Revue scientifique du 1er janvier 1887.
[3] Ch. Richet, *Le travail psychique et la force chimique.* Rev. scient. 18 déc. 1886. — *La pensée et le travail chimique.* Id. 15 janv. 1887.

Chose curieuse, les deux adversaires se basaient en somme sur les mêmes faits pour justifier leurs thèses, — notamment sur les célèbres expériences par lesquelles M. le professeur Schiff a démontré que la température s'élève dans le cerveau d'un animal à l'instant où l'on éveille en lui une douleur, une sensation, un fait de conscience quelconque. M. Gautier y voyait la preuve que l'énergie mécanique mise en liberté dans les centres nerveux ne s'est pas transformée en douleur et conscience, puisqu'elle se manifeste au contraire sous forme de chaleur, c'est-à-dire de mouvement. M. Richet en concluait au contraire que, de même que dans le muscle, qui se contracte et s'échauffe à la fois, l'affinité chimique se transforme partie en chaleur et partie en travail mécanique, — de même dans le cerveau qui pense, l'affinité chimique se transforme également en une certaine quantité de chaleur, plus une certaine quantité de travail intellectuel; et que par conséquent ce dernier est tout à fait assimilable et équivalent au travail mécanique.

Mais en suivant de près les raisonnements et les expressions de ces deux savants, on s'aperçoit bientôt qu'ils croisent le fer sans aucun risque de se toucher, parce qu'ils sont sur des terrains différents, et entendent, sous des dénominations identiques, des choses absolument disparates, hétérogènes. Par les mots de *sensation, pensée, travail psychique*, etc. M. Gautier désigne le phénomène de « vision intérieure » comme il s'exprime quelquefois, c'est-à-dire le *fait mental comme tel*, considéré en lui-même et isolément de ses concomitants physiologiques. Voilà pourquoi il affirme que l'énergie ne se transforme pas en pensée, mais reste toujours intacte dans le monde matériel; pendant que la conscience se produit mystérieusement chez l'animal, les décompositions chimiques, la production de chaleur, etc., vont leur train dans le cerveau, sans que la quantité totale d'énergie en jeu subisse ni gain ni déperdition au milieu de toutes ces transformations purement physiques. C'est en somme l'Axiome d'Hétérogénéité qui flotte devant lui et le fait insister sur l'impossibilité d'admettre une transformation quelconque, ou une équivalence au sens physique du mot, entre deux choses aussi disparates que les phénomènes physico-chimiques du cerveau et les phénomènes de conscience simultanés.

M. Richet personnifie au contraire le Principe de Parallélisme, au point que lorsqu'il parle de *sensation, pensée, travail intellectuel*, en dépit du caractère nettement psychologique de ces termes, il n'a en réalité devant les yeux que les concomitants physiologiques inséparables de ces phénomènes mentaux. Or il va de soi que ces concomitants physiologiques sont des formes de l'énergie physique, et M. Richet a bien raison d'affirmer qu'ils ont un équivalent mécanique, thermique, etc. Il est seulement regrettable qu'il prenne les termes dans un sens aussi éloigné de l'usage vulgaire, auquel se conformait M. Gautier, et que, sans s'en rendre compte, il se laisse aller à appliquer les mots de pensée, etc., non plus au fait mental lui-même, mais aux mouvements moléculaires cérébraux qui en sont l'accompagnement. Les expressions mêmes dont se sert successivement M. Richet trahissent cette déviation d'un domaine à l'autre, ce passage involontaire de la sphère psychologique à la sphère physique parallèle : « Tout tend à prouver que l'exercice de la pensée, c'est-à-dire « l'acte intellectuel, *correspond à* une certaine activité chimique. » — « Puisque le travail, l'effort, l'acte intellectuel sont *corrélatifs* d'une cer- « taine usure physico-chimique, il s'ensuit, selon toute vraisemblance, « que *l'origine* en est physico-chimique. Autant qu'on peut lier l'effet et « la cause, la pensée est effet, l'action chimique est cause : de même « que, dans un mouvement musculaire, le mouvement est effet, l'affinité « chimique est cause. Donc la pensée *est* un phénomène chimique. » — « *J'assimile* la douleur à une vibration moléculaire. » — « Je considére- « rai la pensée et le travail psychique *comme* un phénomène vibratoire, « de même ordre et de même nature que tous les phénomènes vibra- « toires connus jusqu'ici[1]. » Etc.

On voit que l'idée d'une *correspondance* ou corrélation entre le fait mental et le fait physiologique (c'est-à-dire l'affirmation du principe de parallélisme) cède peu à peu la place à celle d'un rapport de *causalité*, puis d'une *identité* entre ces deux faits; la pensée, la douleur, n'*est* plus au bout du compte qu'une vibration, une décomposition chimique. Si donc l'on continuait à prendre le mot « pensée » dans son sens primitif et ordinaire, ces dernières lignes seraient la négation directe de l'axiome d'hétérogénéité, c'est-à-dire une absurdité indigne même d'une réfuta- tion ; car, comme dit Lotze, « s'abandonner au rêve d'une identité des « faits psychiques et physiques, c'est quitter le sol de l'expérience, et se « mettre en contradiction avec la certitude la plus immédiate de leur non- « identité[2]. » Mais ce serait faire injure à un penseur de la valeur de M. Richet que de lui prêter semblable erreur; et malgré certaines phrases ambiguës échappées à sa plume, on doit admettre que, par l'ha- bitude professionnelle des physiologistes de se placer toujours au point de

---

[1] Richet, Rev. scient., 15 janv. 1887, *passim*.
[2] Lotze, *Metaphysik*, Leipzig, 1879, p. 475.

vue de l'observation externe (pour laquelle il ne peut exister dans un corps que des déplacements, mouvements, vibrations), il en vient à oublier le fait mental lui-même, accessible uniquement à l'observation intérieure, pour ne songer qu'à son concomitant physique. Et, en effet, dans une petite note [1], il distingue explicitement la *pensée ou travail intellectuel*, de la *conscience* qui est un de ses caractères, — preuve évidente que les premiers mots et les autres qui leur sont souvent joints, douleur, sensation, etc., désignent dans son langage non point les faits de conscience ou de vision intérieure, comme chez M. Gautier, mais les événements physico-chimiques concomitants.

Il résulte de là qu'exprimé en termes non équivoques, le débat de MM. Gautier et Richet se résume en ces deux thèses :

Le premier affirme que les faits de conscience, *comme tels*, ne sont pas une transformation de l'énergie physique, et ne sauraient avoir d'équivalent mécanique. Le second, que les faits de conscience sont toujours accompagnés dans le système nerveux de phénomènes vibratoires qui, eux, sont une forme comme une autre de l'énergie physique, soumise par conséquent à la loi d'équivalence qui relie tous les phénomènes de mouvement de l'univers. Mais il est clair alors que le débat n'existe plus, ces deux affirmations, loin de s'exclure, se complétant l'une l'autre, puisqu'elles ne font en définitive qu'énoncer l'axiome d'irréductibilité et le principe de parallélisme.

Le même caractère de confusion dans les termes et par conséquent les idées se retrouve dans la contribution fournie à la polémique en question par M. Herzen, professeur de physiologie à Lausanne [2]. Son article, écrit en vue de soutenir son collègue de Paris contre M. Gautier, ne fait en somme que corroborer avec plus d'éclat encore la thèse de ce dernier; ce qui n'étonne plus quand on s'est aperçu que ces deux adversaires ne l'étaient qu'en apparence.

M. Herzen s'attache essentiellement à prouver que les faits de conscience sont toujours accompagnés de faits physiologiques, que la succession de ces derniers ne peut présenter des lacunes où viendraient s'intercaler des phénomènes purement psychiques, exempts de tout concomitant physique. « Dans le tissu nerveux, il n'y a point d'interruption; depuis « l'entrée de l'impulsion externe jusqu'à la sortie de la réaction, la série « mentale n'est jamais et nulle part disjointe de la série physique corré-

---

[1] Rev. scient., 15 janv. 1887, p. 85.
[2] Herzen, *L'activité cérébrale*. Rev. scient., 22 janv. 1887.

« lative... Il serait incompatible avec toutes nos connaissance positives
« d'admettre que la série physique puisse à un moment donné cesser
« dans un vide physique, occupé par la sphère mentale, qu'elle mettrait
« en activité d'une manière mystérieuse, et qui à son tour, après avoir
« accompli un travail sans équivalence plus mystérieux encore, en com-
« muniquerait d'une manière inconcevable le dernier résultat à l'autre
« extrémité de la chaîne physique interrompue, pour y provoquer la con-
« tinuation du mouvement suspendu... »

Tout cela est fort bien pensé et fort bien dit. Mais si l'on y réfléchit, on
verra d'abord que c'est simplement exprimer sous une forme frappante le
principe de parallélisme, et puis qu'en somme cela donne entièrement
raison à M. Gautier. Car que signifie cette continuité parfaite, cette
absence de lacunes, affirmée par M. Herzen dans la série physique, sinon
précisément que jamais l'énergie physique ne se transforme en fait mental,
que la pensée n'est pas une forme de l'énergie, que la conscience n'a pas
d'équivalent mécanique? En effet, prétendre qu'une chose C est une
transformation d'une autre chose E, c'est affirmer que pour que C appa-
raisse, une certaine quantité de E doit disparaître, et vice versa. Lorsque
les physiciens nous enseignent que le mouvement de chute d'un marteau
sur l'enclume *se transforme* en chaleur et en ondes sonores au moment
du choc, ça veut dire qu'à l'instant où le mouvement en masse du marteau s'arrête contre l'enclume, les mouvements vibratoires des molécules
d'acier et ceux de l'air avoisinant deviennent plus rapides; il faut que le
premier mouvement cesse pour que les autres prennent sa place. Il en est
de même dans toutes les transformations de la force; partout et toujours,
dans l'univers physique, il s'agit d'un certain genre de mouvement qui
cesse ou diminue d'une certaine quantité, lorsqu'un autre genre de mouvement prend naissance ou s'accroît dans une mesure déterminée que
l'on nomme son équivalent par rapport au premier. Si donc M. Herzen
montre que la série physique, c'est-à-dire les mouvements quelconques
qui se passent dans l'organisme, ne subit jamais de ruptures et de lacunes, cela revient à montrer précisément que jamais ces mouvements ne se
transforment en conscience, et que la série mentale n'a pas d'équivalent
mécanique. Car se transformer en conscience, ou être l'équivalent mécanique d'un fait mental, serait justement, pour un mouvement, cesser
d'exister, ou diminuer, en tant que mouvement, au moment où la conscience se produit, pour ne réapparaître qu'à l'extinction de celle-ci; —
bref, disparaître du monde physique pendant tout le temps que le fait
mental existe comme tel. Or cet anéantissement du mouvement, cette des-

truction de l'énergie physique pendant que les sensations et les pensées ont lieu, cette substitution momentanée de la sphère purement mentale à la série des événements physico-chimiques du cerveau, c'est là justement ce dont M. Herzen ne veut pas, ni M. Richet non plus. Mais alors pourquoi partir en guerre contre M. Gautier, lorsqu'on est obligé de finir bon gré mal gré par reconnaître implicitement avec lui que la pensée n'est pas une forme de l'énergie, que la sensation n'a pas d'équivalent mécanique, que le mouvement et la conscience ne se transforment pas l'un dans l'autre?

Toute cette discussion n'a au fond roulé que sur une ambiguïté, l'un entendant par *pensée, activité intellectuelle, sensation*, etc., la vie mentale elle-même, observable seulement du dedans; et les autres, au contraire, les phénomènes d'ordre physique, seuls accessibles à l'observation externe, qui se produisent dans notre système nerveux simultanément à la vie mentale.

Une bonne définition des termes, un clair énoncé des deux principes de parallélisme et d'hétérogénéité, eussent coupé court à ces malentendus, — et paraissent d'ailleurs l'avoir fait pour un certain temps. C'est un philosophe (les philosophes ont quelquefois du bon), M. le prof. Adrien Naville, à Neuchâtel, qui a eu l'honneur de prononcer ainsi le dernier mot dans cette discussion de biologistes, en rétablissant entre les faits psychologiques ou conscients et l'activité cérébrale concomitante ce *distinguo* que les savants négligent trop souvent[1] :

« ...La question de la nature du travail physico-chimique cérébral qui
« accompagne les faits conscients est une question de la plus haute
« importance, et dont la psychologie ne peut assurément pas se désinté-
« resser. Mais ce travail physico-chimique n'est pas lui-même un fait
« psychologique. On le comprendra toujours plus clairement, à mesure
« que la physiologie du cerveau progressera. *Le monisme anthropologi-*
« *que ne peut subsister que dans le demi-jour.* Quand les physiologistes
« auront réussi à exprimer, en formules mécaniques précises, les mou-
« vements intestins des cellules cérébrales qui se produisent parallèle-
« ment aux faits conscients, personne ne pourra plus soutenir que ces
« faits conscients soient la même chose que ces mouvements... La science
« contemporaine a le mérite de constater toujours mieux certaines analo-
« gies entre le développement de l'esprit et celui du corps; mais elle est

[1] A. Naville, *La pensée et le travail chimique.* Rev. scient., 5 mars 1887. Les phrases soulignées ici ne le sont pas dans l'original.

« aussi loin que jamais d'établir l'identité de l'esprit et du corps. *Il n'y
a pas de science expérimentale de l'homme sans dualisme*. L'identité
n'est qu'un rêve lointain de la métaphysique.

« On peut donc admettre, avec MM. Richet et Herzen, que, dans le
champ de notre expérience. il n'y a point de fait conscient sans travail
cérébral, et qu'il faut pousser aussi loin que possible l'application à ce
travail cérébral du principe de l'équivalence, sans en conclure que le
fait conscient soit la transformation du travail cérébral. Le fait conscient est d'un ordre tout différent, et ses équivalents, s'il en a, doivent être des faits psychiques inconscients, c'est-à-dire quelque chose
qui n'apparaît pas, et non des mouvements cérébraux. »

Sauf peut-être l'allusion finale aux « faits psychiques inconscients »,
sur lesquels d'ailleurs M. Naville ne se prononce pas, je ne vois pas un
mot à reprendre ni à ajouter à ces lignes qui expriment avec une parfaite
netteté le point de vue nécessairement dualiste de la psychologie expérimentale.

**De quelques Sophismes psychophysiques.** — L'étran-
geté de la relation qui existe entre le mental et le physique et qui est absolument unique en son genre, sans analogue aucun, dans tout le champ
de notre expérience, est une source abondante de faux raisonnements,
très variés dans la forme, mais dont le fond est toujours le même : le
passage subreptice du principe de Parallélisme à l'oubli ou à la négation
de l'axiome de Dualisme. De ce que le fait psychique est régulièrement
associé à un fait physiologique, on se laisse aller à imaginer entre eux
autre chose qu'un rapport purement chronologique, en perdant complètement de vue que leur radicale différence de nature rend précisément
inconcevable et inintelligible tout autre rapport que celui-là (qui n'est pas
davantage expliqué, mais qui du moins nous est *donné*, dans le domaine
de la science). — Il faut dire à la décharge de l'esprit humain que l'ambiguïté du langage, et la facile confusion entre le sens propre et le sens
figuré des termes, est pour beaucoup dans la naissance et la perpétuation
de ces paralogismes. Telle expression plus ou moins métaphorique, très
commode et qui vient d'elle-même sur le bout de la langue lorsqu'on
parle du commerce journalier de l'âme et du corps, finit par être prise au
pied de la lettre, et voilà un sophisme qui, pour être presque inévitable
et tout naturel, n'en est pas moins monstrueux quand on le regarde de
près. — Le remède commun à toutes ces erreurs consiste à ne jamais se
laisser prendre au piège des formules, images ou comparaisons (indispensables en pratique, et dont on ne peut songer à appauvrir le vocabu-

laire courant), mais à se rappeler toujours que leur seule signification réelle est l'affirmation du parallélisme psychophysique, rien de plus.

Ceci s'éclaircira en jetant un coup d'œil sur les principaux de ces sophismes, que par esprit d'ordre je ramène à une demi-douzaine.

1. **Sophisme d'Identité.** (Simul hoc, ergo hoc.) — C'est le plus curieux et le plus fort. Auprès de lui, le célèbre *post hoc ergo propter hoc* de la logique classique n'est que badinage et jeu d'enfant. Ce dernier, en effet, qui consistait à mettre un rapport de causalité là où il n'y a en réalité qu'un simple rapport de succession régulière, avait l'excuse que ces deux rapports sont souvent très difficiles à distinguer. (Car on sait que le nexus causal lui-même n'apparaît jamais et nous reste inaccessible : la seule chose qui nous soit donnée, ce sont des phénomènes qui se succèdent dans le temps, comme le jour succède à la nuit, et l'explosion de la poudre à l'arrivée de l'étincelle. Or, entre les cas extrêmes tels que ces deux-là, parfaitement clairs, et où aucune hésitation n'est possible en pratique, il y a une infinité de cas intermédiaires, complexes et obscurs, où ce n'est pas de trop de toute la rigueur des sciences expérimentales pour décider s'il y a simple succession, comme entre le jour et la nuit, ou relation causale, comme entre l'étincelle et l'explosion.) Ici, au contraire, nous sommes en face des deux choses les plus distinctes, les plus disparates même qu'il soit possible à l'homme de concevoir ; et cependant, après avoir reconnu qu'elles se présentent toujours *ensemble*, on conclut qu'elles sont *identiques*. C'est le tour des muscades : vous en mettez deux sur la table, je pose mon chapeau dessus, je l'ôte — il n'y en a plus qu'une ! On pardonne volontiers l'escamotage aux personnes dont c'est l'unique gagne-pain, par exemple à la Métaphysique, que la force des choses a toujours réduite à cette extrémité ; mais qu'une respectable dame comme la Science s'y livre aussi, ce serait fait pour surprendre si on ne savait que les gens les plus sérieux ont des moments d'absence.

Aussi bien n'est-ce peut-être pas tant la science elle-même qui se rend coupable de ces frivoles incartades que le métaphysicien dont le savant est doublé comme le dernier des mortels. On s'explique ainsi que des physiologistes d'une haute compétence dans leur domaine, mais matérialistes ou monistes convaincus en philosophie (ce qui est certes leur droit), tombent parfois dans le sophisme d'identité au profit de leur système favori, et écrivent des volumes entiers pour prouver que, si tous les résultats de la science nous montrent l'activité mentale constamment *accompagnée* d'une activité physico-chimique, c'est que la première *est* la seconde, ou qu'elles ne font qu'un [1]. — Il suffit, pour réfuter ce sophisme, de rappeler que les termes mêmes d'*accompagnement*, *parallélisme*, *ensemble*, etc., n'ont aucun sens là où il n'y a pas au moins *deux* faits en jeu. (V. aussi p. 34.)

2. **Sophisme de Causalité.** (Simul hoc, ergo propter hoc.) — On dit constamment que les modifications de l'organisme sont *la cause*, *l'origine*, *les conditions*, etc., des modifications psychiques, ou que celles-ci sont sous la *dépendance* des premières, en sont une *fonction*. Ces expressions sont très commodes dans la pratique, et on ne peut songer à les prohiber, pourvu qu'il reste entendu qu'au fond elles affirment simplement le fait que dans notre expérience il n'y a de vie psychique que quand il y a certains phénomènes physiologiques déterminés, c'est-à-dire le principe de concomitance. Mais elles deviennent sophistiques lorsque, en les pressant, on en prétend tirer l'idée que la vie psychique *résulte*, *sort*, *dépend*, *jaillit* des phénomènes organiques, en vertu d'un *nexus causal* ou d'une *efficacité productrice*, — ce qui est absurde, vu l'hétérogénéité des deux ordres de faits. La notion du rapport de cause à effet, telle qu'elle a cours dans les sciences naturelles, n'est pas applicable au couple Conscience-Mouvement. Car, comme le dit fort bien M. du Bois-Reymond, « les phénomènes intellectuels qui se déroulent dans le cerveau à côté et « en dehors des changements matériels qui s'y opèrent, manquent pour « *notre entendement de raison suffisante*. Ces phénomènes restent en « dehors de la loi de causalité...[2] » — Et M. Wundt a exprimé la même idée avec plus de développements[3] : « Repoussons avant tout l'idée très « répandue qu'il s'agirait ici d'une liaison causale ordinaire, où le pro-

[1] Voir par exemple : Herzen, *Grundlinien einer allgemeinen Psychophysiologie*, Leipzig, 1889. — Ce petit volume, qui renferme un bon exposé des faits établissant la concomitance régulière des phénomènes mentaux avec des phénomènes physiologiques, et qui est par là un précieux commentaire du Principe de Parallélisme, est malheureusement gâté par la préoccupation constante de mettre ces résultats au service de la philosophie moniste. Il tend ainsi (malgré les déclarations de neutralité de la première page) à donner le change aux lecteurs novices, et à leur laisser l'impression que la Science psychophysiologique est moniste, et appuie le Monisme métaphysique, alors qu'elle est foncièrement et inévitablement *dualiste*, et n'appuie aucune métaphysique du tout, pas plus moniste que dualiste. (V. plus haut, p. 21, la distinction entre le dualisme scientifique et le dualisme métaphysique.) Il est très regrettable que cet oubli du Principe de Dualisme, à côté de celui de Parallélisme, ait ainsi transformé en traité d'apologétique un écrit qui eût pu être sans cela une excellente introduction à l'étude de la Psychologie expérimentale.
[2] Revue scientifique, 10 octobre 1874, p. 343.
[3] *Essays*, p. 115-116.

« cessus cérébral serait la cause, et le fait mental l'effet. Au point de vue
« même des sciences naturelles, cette idée est inadmissible. En vertu du
« principe de causalité tel qu'il est partout admis dans les recherches
« physiques, il ne saurait être question d'une relation causale entre deux
« phénomènes que lorsque l'effet peut se déduire de la cause suivant des
« lois déterminées. Or une pareille déduction n'est à proprement parler
« possible que lorsqu'il s'agit de processus *de même nature*. C'est ce qui
« la rend exécutable, ou du moins concevable, dans tout le domaine des
« phénomènes du monde externe, parce que l'analyse de ces phénomènes
« les ramène toujours à des processus de mouvement où il règne, entre
« l'effet et la cause, une équivalence telle que, dans des circonstances
« convenables, on peut renverser leur rapport et faire de l'effet la cause
« et réciproquement. C'est ainsi qu'on peut utiliser la chute d'un poids
« d'une certaine hauteur pour élever un autre poids, égal, à la même
« hauteur. Mais il est clair qu'il ne peut être question d'équivalence de
« ce genre entre nos faits mentaux et les processus physiologiques conco-
« mitants. Ces derniers ne peuvent jamais avoir pour effets que des évé-
« nements physiques comme eux ; car autrement il y aurait une lacune
« dans l'enchaînement causal, parfaitement clos, qui constitue la Nature
« et trouve son expression la plus parfaite dans la loi de la conservation
« de l'énergie ; cette loi se trouverait suspendue partout où une cause
« corporelle produirait un effet mental. Aussi le naturaliste, qui, dans le
« domaine de ses recherches, traite à juste titre le monde comme une
« réalité indépendante de nos faits mentaux, ne peut-il jamais poser qu'un
« *parallélisme* entre ces derniers et les fonctions physiologiques concomi-
« tantes. Ce parallélisme implique la supposition que les phénomènes de
« la vie psychique forment entre eux un tout fermé, un enchaînement de
« causes et d'effets aussi complet que celui qui existe dans le monde
« matériel ; mais, précisément puisqu'on est là en face de deux séries
« causales chacune complète pour son compte, il ne saurait y avoir de
« passage de l'une à l'autre. »

Ces lignes expriment parfaitement le point de vue auquel doit se tenir
la psychologie expérimentale : l'hétérogénéité du monde mental et du
monde matériel rend scientifiquement inintelligible toute action réelle,
toute influence causale s'exerçant de l'un à l'autre, et oblige de les considérer comme deux mondes indépendants, quoique régulièrement parallèles, dans chacun desquels les idées de causalité, etc., trouvent leur
application, mais sans recourir à l'autre. Aux faits psychiques il faut assigner des causes et des effets psychiques ; aux faits physiques, des causes

et des effets physiques; et ne jamais chercher dans l'une de ces sphères la *cause* ou l'*effet* de ce qui se passe dans l'autre (à moins que l'on ne prenne pas ces mots au propre, mais seulement au figuré, comme signifiant simplement le *concomitant*).

Que si maintenant on abandonne le terrain de l'intelligence scientifique et de ses notions précises pour philosopher en disant : c'est absurde, çà n'a pas le sens commun, ces deux mondes qui se cotoyent et s'accompagnent poliment sans cependant échanger quoi que ce soit entre eux! — on en est bien libre. Seulement on se trouve du coup jeté dans les conflits de la métaphysique. Car lequel est la cause, et lequel est l'effet, de ces deux ordres parallèles? lequel agit réellement sur l'autre et le détermine? Il va de soi, s'écrient aussitôt les matérialistes de toute nuance, que l'organisation physique est la cause, et la vie psychique l'effet. Pas du tout, répondent les autres; ce n'est là qu'une vue grossière et superficielle, et quand on contemple les choses de haut on découvre que c'est juste le contraire. M. Wundt, par exemple, qui tout à l'heure, sur le terrain de la psychologie expérimentale, était si nettement dualiste, déclare, quand il s'élève aux considérations dernières, qu'il est obligé de voir dans le développement psychique non point l'effet, mais bel et bien la cause de l'évolution physique [1]. Un point de vue analogue a été brillamment soutenu l'an dernier au Congrès international de psychologie physiologique par M. Grote, qui voudrait persuader ses collègues de retourner leur char et de chercher désormais dans la Volonté la cause et l'origine réelles de tous les phénomènes organiques, au lieu de la réduire à n'être que le produit ou la résultante de ces derniers, comme ils l'ont trop souvent fait jusqu'ici [2]. Mais je doute fort que sa proposition trouve beaucoup d'écho auprès des savants à tendances matérialistes; et je persiste à croire que, quelle que soit l'opinion de derrière la tête que l'on ait sur l'essence intime et les rapports véritables du physique et du psychique, il convient d'en faire abstraction dans le domaine strictement scientifique, et de s'en tenir ici au parallélisme pur et simple des deux séries hétérogènes, sans parler de relations causales entre elles, ni dans un sens, ni dans l'autre.

---

[1] Wundt, *Physiol. Psych.*, 3ᵉ Aufl. II, 544-549. — *System der Philosophie*, Leipzig, 1889, 582-591, etc. — On sait que, sur ce sujet, M. Wundt a renouvelé, en les rajeunissant et les mettant au niveau des sciences contemporaines, les antiques conceptions animistes d'Aristote.

[2] Grote, *La causalité et la conservation de l'énergie dans le domaine de l'activité psychique*. Compte rendu du Congrès international de psychologie physiologique, Paris 1890, p. 106 et suivantes.

**3. Sophisme de Mélange.** — Il pourrait rentrer comme cas particulier dans le précédent. Car du moment qu'on admet qu'il y a relation causale ou déterminante entre les faits mentaux et les faits physiques, on en vient facilement à mélanger ces deux ordres d'événements et à concevoir le cours de l'univers comme une chaîne mixte où ils se relient les les uns aux autres malgré leur hétérogénéité. — Dans la vie et le langage ordinaires, cela peut passer, et il est permis de dire, par exemple, que la cause première d'un grand événement physique comme la percée des Alpes ou la mise en communication de la mer Rouge avec la Méditerranée a été un fait mental, le *désir* et la *volonté* des hommes de supprimer des obstacles. En métaphysique aussi, où tout est possible, il est loisible d'admettre que les faits de conscience, comme tels, interviennent dans l'évolution de l'univers physique. Même dans le langage courant des sciences, on peut tolérer des expressions de ce genre et dire, par exemple, que la faim et l'amour sont les grands moyens de la conservation de l'espèce. Mais ce serait tomber dans le sophisme et prendre des vessies pour des lanternes que de croire que de pareilles propositions expliquent quoi que ce soit, car comment un phénomène mental pourrait-il modifier un mouvement matériel? Cela est inintelligible, vu leur hétérogénéité. De même qu'on ne fait pas une guirlande avec un mélange de fleurs des champs et de fleurs de rhétorique, ni une forteresse avec des moellons intercalés de rancunes, de même le physiologiste ne comprendra jamais cette prétendue intrusion des phénomènes psychiques dans la série physique, et se refusera toujours à tolérer, dans l'enchaînement des faits mécaniques du monde ou du cerveau, des lacunes où puissent venir se nicher des désirs, des sentiments, des représentations. La fameuse notion des « idées-forces » de M. Fouillée peut être une vue de génie en métaphysique [1], elle n'est qu'un non-sens au point de vue des sciences expérimentales, pour lesquelles une idée ne sera jamais une force, ni une force une idée. On en peut dire autant du « principe esthophylattique », auquel M. Sergi fait jouer un grand rôle dans sa psychologie [2] : affirmer que la sensibilité, le plaisir et la douleur *servent* à la protection de l'individu, c'est, comme on voudra, une banalité du sens commun ou une profonde vérité métaphysique; mais en faire un principe de la psychologie expérimentale serait ouvrir la porte à de nombreuses confusions, puisqu'il

[1] Voyez par exemple, Fouillée, *Les états de conscience comme facteurs de l'évolution.* Rev. phil., mars 1890.

[2] G. Sergi. *La Psychologie physiologique*, trad. par Mouton, Paris, 1888, p. 10, 14, 308, 323, etc.

est physiologiquement inintelligible qu'un sentiment comme tel, agréable ou pénible, puisse en rien modifier les phénomènes moléculaires de l'organisme, ni par conséquent son adaptation au milieu. Sans doute, nous constatons que, dans les circonstances favorables au maintien et au perfectionnement de l'organisme, le jeu des centres nerveux s'accompagne plus souvent de bien-être que de souffrance (ce qui est du reste contesté par les philosophes pessimistes), mais ce n'est là qu'un fait contingent, inexpliqué et inexplicable, comme tous les autres cas de parallélisme psychophysique, — et on se paie de mots quand on croit trouver dans le caractère agréable ou pénible d'un événement *mental* l'explication des réactions *physiques* de l'organisme contre le milieu où il vit.

**4. Sophisme de Sécrétion.** — On peut réunir sous ce titre les formules infiniment variées qui assimilent la genèse des faits mentaux à l'élaboration d'un produit matériel par un organe. Elles ont toutes leur prototype dans les célèbres paroles de Cabanis :

« Pour se faire une idée juste des opérations dont résulte la pensée, il
« faut considérer le cerveau comme un organe particulier, destiné spé-
« cialement à la produire ; de même que l'estomac et les intestins à opé-
« rer la digestion, le foie à filtrer la bile, les parotides et les glandes
« maxillaires et sublinguales à préparer les sucs salivaires. Les impres-
« sions, en arrivant au cerveau, le font entrer en activité, comme les
« aliments, en tombant dans l'estomac, l'excitent à la sécrétion plus
« abondante du suc gastrique, et aux mouvements qui favorisent leur
« propre dissolution..... Nous voyons les aliments tomber dans ce vis-
« cère, avec les qualités nouvelles ; et nous concluons qu'il leur a véri-
« tablement fait subir cette altération. Nous voyons également les impres-
« sions arriver au cerveau, par l'entremise des nerfs : elles sont alors
« isolées et sans cohérence. Le viscère entre en action ; il agit sur elles :
« et bientôt il les renvoie métamorphosées en idées, que le langage de
« la physionomie et du geste, ou les signes de la parole et de l'écriture,
« manifestent au dehors. Nous concluons, avec la même certitude, que le
« cerveau digère en quelque sorte les impressions ; qu'il fait organique-
« ment la sécrétion de la pensée[1]. »

On remarquera que ces lignes sont susceptibles d'une double interprétation. Ou bien l'on n'y voit que des comparaisons, des images, frappantes de relief et de réalisme, destinées à enfoncer comme un clou dans la tête

---

[1] Cabanis. *Rapports du physique et du moral de l'homme.* IIme mémoire. § 7. Édit. Cerise. 1855. I, 156-157.

du lecteur l'idée que la vie mentale est indissolublement liée au fonctionnement du cerveau, c'est-à-dire en somme le principe de concomitance. Dans ce rôle de métaphores elles sont admirables, et aucune de leurs imitations modernes ne les vaut[1]. — Ou bien on les prend au propre, au pied de la lettre, comme signifiant que réellement les faits psychiques sont sécrétés par les centres nerveux comme la bile par le foie, etc. D'où résulterait que la pensée n'est que matière ou mouvement de la matière, c'est-à-dire la négation de leur hétérogénéité, le rejet du principe de dualisme. Ceci est alors une absurdité. Le foie ou l'estomac qui fonctionnent donnent des produits qu'on peut recueillir, peser, etc. Appliquez les mêmes méthodes au cerveau : vous obtiendrez aussi des produits matériels, des phosphates, et autres substances chimiques que la cellule nerveuse élabore dans son sein, lorsqu'elle fonctionne, et rejette au dehors par l'intermédiaire du sang et des urines. Mais la pensée, la sensation, la colère, le plaisir esthétique etc., où sont-ils, et combien de temps faut-il pour en remplir une éprouvette ou en récolter vingt grammes?

Parfois aussi on se rabat sur une interprétation mitigée. Cabanis et ses imitateurs, dit-on, n'ont pas voulu dire que la pensée soit une matière qu'on pourrait recueillir, ce serait trop absurde, mais qu'elle est un mouvement, une vibration, ce qui est bien prouvé par les phénomènes thermiques, physico-chimiques, etc., qui en accompagnent la production dans le cerveau. — Mais ceci est un retour au sophisme d'identité, dont j'ai déjà parlé et auquel je renvoie. Remarquons seulement que, pour éviter les confusions, il ne faudrait plus alors, comme le fait Cabanis, comparer le cerveau au foie ou à l'estomac, mais à quelque chose comme l'organe électrique de la torpille ou une machine quelconque ne sécrétant pas de matières mais transformant de l'énergie d'une forme dans une autre. — Au fait, nous ne savons pas après tout si les dynamos qui rendent en électricité la force motrice qu'on leur confie, ou l'inverse, n'ont pas quelque sentiment pendant qu'elles fonctionnent, et n'élaborent pas d'ingénieux systèmes philosophiques dans leurs innombrables circuits, exactement comme le fait la cervelle du savant pendant qu'elle transforme en chaleur, innervations motrices, ou vibrations quelconques, la puissance

---

[1] Voir par exemple, Luys : *Le Cerveau et ses fonctions.* 4me édit. Paris 1879. Tout ce volume n'est qu'un long et fatigant exemple de cette façon de traduire les faits psychologiques en images empruntées au monde matériel, comme s'il n'y avait aucune différence de nature entre le mental et le physique. Les souvenirs y sont des phénomènes de *phosphorescence,* les cellules y *dégagent* de la douleur, etc.

chimique renfermée dans les aliments que·lui apporte le sang. Impossible de nous en assurer, puisque pour nous, observateurs du dehors, il n'existe que du mouvement dans les fils d'une bobine d'induction, comme d'ailleurs dans les fibres d'un cerveau.

5. **Sophisme de Transformation ou d'Équivalence.** — Il se rattache étroitement au précédent, et consiste à prendre au propre des expressions telles que celles-ci : la pensée est une transformation du mouvement cérébral, l'activité psychique est une forme de l'énergie et a un équivalent mécanique, etc. Toute la discussion Gautier-Richet résumée plus haut (p. 109) en est une illustration trop éclatante pour qu'il soit nécessaire d'insister. Je rappelle seulement que ce sophisme repose sur le double sens des mots *pensée, activité psychique*, etc., qui, en vertu du principe de parallélisme, désignent couramment le couple Conscience-Mouvement pris en bloc; l'erreur consiste à affirmer du couple entier, ou du premier terme isolément, ce qui n'est vrai et n'a de sens que du second.

6. **Sophisme de Localisation.** — C'est un des plus répandus, car il a pour lui à la fois : l'autorité des apparences communes (il me semble que je suis *dans* mon corps, que ma pensée se produit *dans* mon cerveau), et, ce qui est plus rare, le langage unanime du spiritualisme classique (Descartes mettait l'âme *dans* la glande pinéale) et du matérialisme (qui localise aussi les fonctions psychiques *dans* les cellules nerveuses.)

Il faut pourtant s'entendre. Que les processus matériels, qui en vertu du principe de parallélisme accompagnent tout fait mental, soient localisés quelque part, aient lieu sous mon crâne, dans tel ou tel réseau de fibres et cellules, cela va sans dire. Mais les faits psychiques eux-mêmes? Que veut dire être localisé, occuper un siège, etc., sinon se trouver dans un endroit défini de l'espace, à des distances déterminées d'autres objets servant de points de repère? Or de telles déterminations sont-elles applicables aux phénomènes mentaux comme tels? Il est bien évident que non. « Prenez à gauche, puis à droite, et quand vous aurez fait cent pas vous serez devant votre hôtel, » dites-vous à un voyageur égaré. Mais concevez-vous que la psychologie expérimentale, même arrivée à sa perfection et·mise en bædeckers à l'usage des touristes cérébraux, puisse jamais dire : suivez ces fibres du nerf optique, traversez ces ganglions, allez jusqu'à cette région de la substance grise, et là, dans tel groupe de cellules, vous vous trouverez devant la sensation jaune-canari? Cela n'a pas de sens; elle dira seulement : vous·vous trouverez devant l'amas de molécules ou d'atomes dont les vibrations sont le concomitant physique

de la sensation jaune-canari, mais cette dernière elle-même ne la cher-
chez nulle part dans le système nerveux, ni ailleurs dans l'univers. Car
la sensation n'a rien à faire avec l'espace, elle ne s'y trouve pas, elle lui
est hétérogène, et parler de la localisation des phénomènes ou fonctions
*psychiques* à une intelligence humaine, c'est parler chinois à un auver
gnat. — Qu'en pratique on dise : le centre du *langage* est ici, la *vision*
est localisée dans le lobe occipital, l'*activité intellectuelle* a pour siège les
régions frontales, etc., c'est bien, mais à la condition qu'à part soi, et
quand on vient aux questions philosophiques, on ajoute : ce qui est localisé, ce sont les phénomènes ou fonctions physiologiques qui accompagnent
ces actes psychiques, mais non pas ces derniers.

Alors, demandent les naïfs, où suis-je si je ne suis pas dans mon corps?
je ne suis pourtant pas dans la lune ou dans le corps de mon cousin? —
Eh non, mon bon ami; puisque votre moi, votre vie mentale, est hétérogène à tout ce qui a trait à l'espace, cela n'a pas plus de sens de dire
que vous êtes *ici* que *là*, *hors* de votre corps que *dans* votre corps, sur la
lune qu'ailleurs. (Il y a même des philosophes qui vous diraient que c'est
au contraire l'espace et le monde qui sont en vous.) Prenez-en donc
votre parti, et consolez-vous de n'être pas *quelque part* en tâchant plutôt d'être *quelqu'un*.

---

# III

## Sur la Liberté et le Déterminisme.

Le problème de la liberté est un guêpier où il ne fait pas bon tomber.
Aussi me bornerai-je à quelques réflexions sur les rapports du Déterminisme avec la Science et la Responsabilité.

**Déterminisme et Science expérimentale.** — Une
foule de penseurs semblent admettre que le dilemme *Liberté ou Déterminisme* est justiciable des recherches scientifiques, en d'autres termes
que ce sont les résultats de l'investigation qui doivent nous apprendre si
oui ou non le libre arbitre existe, ou si le déterminisme s'étend à tout. —
Malheureusement, ceux qui vont ainsi demander la solution de ce problème de haute métaphysique aux sciences expérimentales, ne sont pas

d'accord sur la réponse qu'ils en reçoivent. En effet, tandis que les uns trouvent la nécessité universelle au bout de leurs recherches, il en est d'autres qui y découvrent la liberté. Les premiers sont il est vrai de beaucoup les plus nombreux et les plus bruyants. A les en croire, chaque pas en avant de la psychologie physiologique est une nouvelle démonstration péremptoire du déterminisme, et il faut entendre de quel ton ils célèbrent la défaite du libre arbitre :

« *On peut donc fournir la démonstration expérimentale de la néces-*
« *sité de tous nos actes.....* Cette démonstration n'est pas superflue : en
« effet, si la plupart des psychologues et des hommes de science admet-
« tent volontiers le déterminisme, il n'en est pas moins vrai que le prin-
« cipe de la liberté individuelle domine la science sociale. Il n'est donc
« pas inutile de prouver par l'observation physiologique que l'idée de
« liberté n'est qu'une hypothèse sans fondement scientifique et qui ne
« mérite aucun respect. Et on peut ajouter qu'elle a des conséquences
« déplorables au point de vue de l'évolution de l'espèce : elle a en effet
« fréquemment pour résultat de faire sacrifier l'intérêt de la collectivité
« à l'intérêt individuel[1]. »

« ..... Au fronton de ce monument (la science psychologique) on
« n'inscrira pas le mot de LIBERTÉ, car s'il est une vérité mise en lumière
« par les travaux de Claude Bernard, et confirmée tous les jours par
« ceux de la Société de psychologie physiologique, c'est que l'activité
« cérébrale dite psychique résulte de la combinaison d'actes réflexes
« physiologiques déterminés et influencés par les conditions de milieu
« intérieur et extérieur; d'où il suit que la croyance au *libre arbitre,*
« inspirée par le désir de donner une base métaphysique à la responsa-
« bilité morale, est une erreur de logique, ou, comme on l'a dit très
« justement, une orgueilleuse illusion[2]. »

Pauvre liberté, comme te voilà arrangée ! Erreur de logique, orgueilleuse illusion, tu ne mérites aucun respect. Bien plus, obstacle à l'évolution de l'espèce, et en définitive source de tous les maux de la société
puisque c'est toi qui fais sacrifier l'intérêt général à l'intérêt particulier,
tu devrais être un objet de haine et d'horreur pour les honnêtes gens; et
ils rendent un vrai service à l'humanité, ces champions de la psychologie

---

[1] Ch. Féré, *Sensation et Mouvement.* Revue philosophique, XX, 368.
(Octobre 1885). — La première phrase n'est pas soulignée dans le texte
original.
[2] Dᴿ Dufay, *La vision mentale,* etc. Revue philosophique, XXVII, 224.
(Février 1889.)

expérimentale qui tiennent leurs articles pour incomplets tant qu'ils n'y ont pas glissé le coup de pied de rigueur à ton adresse! — Je pourrais multiplier indéfiniment les citations où le libre arbitre est anathématisé au nom des résultats de la science; car cela est très à la mode de nos jours; mais ces deux échantillons suffisent à donner une idée de ce genre de polémique.

En présence de cette levée de boucliers savants, il y aurait, semble-t-il, une singulière hardiesse à soutenir encore que la science peut démontrer la liberté. Eh bien, cette hardiesse, M. Maldidier l'a eue[1]. Pour défendre le libre arbitre, il n'a pas craint de recourir aux armes mêmes qui servent généralement à l'accabler, je veux dire aux procédés des sciences d'observation. Tandis que tout à l'heure on nous démontrait expérimentalement que la liberté n'existe pas, maintenant on nous démontre non moins expérimentalement qu'elle existe. L'application à un fait fort simple (comme celui de quitter sa table de travail) des méthodes inductives qui sont le canon et le nerf de toute recherche expérimentale, aboutit en effet entre les mains de M. Maldidier au résultat que, pour notre science actuelle, ce fait n'a pas de cause, qu'il est par conséquent un fait de libre arbitre. Citons quelques lignes : « *Méthode de concor-* « *dance.* Ce n'est pas la première fois que je suspends ainsi mon travail « pour me promener de long en large dans cette pièce. Le fait s'est pro- « duit fréquemment. Comparons donc ses diverses apparitions et tâchons « de découvrir à tous ces phénomènes similaires un antécédent; — « soyons moins exigeants, — un élément d'antécédent toujours identique. « Peine perdue, il y a d'abord des cas où je ne découvre aucun antécé- « dent. Il en existe peut-être un ou plusieurs, et c'est sans doute faute « de perspicacité que je ne les vois pas, mais le fait est que je ne « les vois pas, et j'admire, sans pouvoir, à mon vif regret, les « imiter, ceux qui sont capables de déduire, après coup, les raisons « qui les ont déterminés à exécuter de telle façon précise et non « autrement leurs actions les plus insignifiantes. A vrai dire, je ne « voudrais même pas essayer, pour ma part, de pousser aussi loin l'ana- « lyse mentale : je craindrais de *créer* des motifs en faisant un effort trop « énergique pour les *apercevoir*. » Ça, c'est un coup droit à l'adresse de M. Fouillée; mais il atteint également ceux qui, comme lui, ne se font aucun scrupule d'imaginer une cause *possible* aux actes où ils n'en voient

[1] J. Maldidier, *Du libre arbitre*. Critique philosophique. Avril 1889, p. 271.

pas et infèrent gravement de là que ces actes en avaient donc bien *réelle-ment* une, oubliant l'adage logique que du possible au réel la conclusion ne vaut pas. M. Maldidier montre ensuite que dans les cas où il peut assigner des motifs à sa petite promenade, ces motifs sont si différents les uns des autres, tant en degré qu'en nature, qu'on n'en peut tirer aucun élément commun identique, c'est-à-dire aucune cause au sens expérimental du mot. La méthode de concordance a donc échoué; les autres ne réussissent pas mieux, de sorte qu'il faut bien avouer au bout du compte *qu'on n'a pas pu fournir la démonstration expérimentale de la nécessité de cet acte*, ce qui renverse directement l'allégation ci-dessus de M. Féré.

Ces deux opinions contradictoires ont un trait commun : la supposition implicite que la nécessité des événements est un point de fait qu'il appartient aux recherches expérimentales de décider. Or je ne puis m'empêcher de croire que c'est une erreur, et qu'il ne s'agit pas du tout là d'un point de fait, mais d'une question de principe, qui se trouve tranchée d'emblée, et toujours affirmativement, par le simple acte d'en appeler à la science. Celle-ci en effet n'a jamais *démontré expérimentalement* le déterminisme, comme paraissent le croire MM. Féré et Dufay; mais, ce qui est tout autre chose, elle le *suppose à priori*, ce qu'a oublié M. Maldidier. Elle admet de prime abord que tout phénomène a ses conditions suffisantes dans certains phénomènes antécédents (bien qu'elle n'arrive pas toujours à mettre le doigt dessus), en sorte qu'à ses yeux tout ce qui arrive arrive forcément et n'aurait pas pu être autrement, et qu'il n'y a aucune place laissée à l'indétermination dans l'enchaînement et la succession des choses. Kant exprimait cela en disant que tous les phénomènes (c'est-à-dire les faits scientifiquement connus) sont soumis à la catégorie de Causalité naturelle, la science expérimentale de la nature n'existant justement que par l'application de cette catégorie aux données sensibles. Claude Bernard répétait sans s'en douter le philosophe de Königsberg, en cherchant dans le principe de Déterminisme absolu la maxime directrice dont on ne doit jamais se départir dans la science. Et tous les savants ne font que suivre instinctivement cette règle lorsque, devant un fait dont la cause leur échappe, ils préfèrent déclarer humblement qu'ils n'ont pas encore su la découvrir, plutôt que de supposer un instant qu'elle n'existe pas. Il ne faut donc pas dire, comme M. Maldidier, que pour la science actuelle tel fait n'a pas de cause, mais seulement qu'il n'a pas encore de cause *connue, assignée*, ce qui est fort différent; la science tolère en effet sur ses registres des faits dont la cause est encore en blanc, mais non des faits sans cause. Aussi est-ce partie perdue d'avance, que de s'adresser à elle pour prouver le libre arbitre. Les méthodes expérimentales sont destinées à trouver *quelle* est la cause d'un fait, et non point à établir *que* ce fait en a une, ce qui est déjà supposé admis quand on recourt à leur emploi; de sorte que leur insuccès prouve simplement ou qu'on les a mal appliquées ou qu'elles sont insuffisantes dans le cas donné, mais non que le fait est sans cause.

Pour les mêmes raisons, ceux qui vont chercher dans les découvertes de la psychologie des preuves contre la réalité de la liberté se donnent beaucoup de mal gratuitement ; car à quoi bon invoquer des faits concrets lorsque c'est la science elle-même, son axiome fondamental. le principe universel de toute investigation, qui condamne le libre arbitre? Tous les résultats spéciaux, toutes les observations de détail, ne sauraient rien ajouter à ce verdict. Bien au contraire, si l'on veut faire parler les faits particuliers eux-mêmes, ils ne répondent rien de certain, car ils sont toujours insuffisants pour asseoir les principes directeurs de la science. Il en est du déterminisme comme des autres grandes maximes (qui n'en sont d'ailleurs que des corollaires). par exemple l'indestructibilité de la matière. Où a-t-on fait des expériences de chimie ou de physique capables de la garantir ? Nos balances ne sont pas ni ne seront jamais assez sensibles pour prouver absolument qu'il n'y a ni disparition ni création de substances ; en pratique, quelque soin que l'on prenne, on en retrouve toujours trop ou trop peu et il n'y a pas souvent deux pesées de suite qui soient identiques ; aussi n'est-ce pas sur les expériences que les chimistes fondent leur principe de la conservation de la matière, car alors il serait. sans cesse contredit par les faits, mais c'est au contraire le principe qui leur sert à rectifier et à interpréter les expériences. De même pour le déterminisme en psychologie. La plupart des « sujets » accomplissent à merveille, après leur réveil, les actes qu'on leur a suggérés pendant l'état hypnotique, et c'est un des gros arguments modernes contre la liberté. Mais il en est aussi qui obéissent moins complètement ou même pas du tout. Si donc l'on se fonde sur les premiers pour affirmer la nécessité absolue de tous nos actes, pourquoi ne pas se fonder aussi sur les seconds pour la nier? En fait, la thèse déterministe reçoit de continuels démentis dans les expériences psychologiques, et en cela les critiques de M. Maldidier portent juste : il y a une foule d'actes dont la cause est simplement supposée, imaginée après coup, conjecturée plus ou moins arbitrairement et pas du tout constatée en fait. Mais le déterminisme est au-dessus de ces petits accrocs apparents, car c'est le principe directeur de la recherche, l'âme même et le ressort de l'investigation. Il est donc aussi impossible de le démontrer que de le réfuter expérimentalement, puisqu'il est logiquement antérieur et supérieur à toute démonstration expérimentale particulière.

On peut dire en résumé : Quant au Libre Arbitre, c'est une entreprise absurde en soi, et fatale pour lui, que d'essayer de le prouver par les méthodes scientifiques ; absurde, parce que ces méthodes, reposant sur l'idée du déterminisme, ne sauraient jamais donner gain de cause à ce qui en est la négation ; fatale, parce que reconnaître et accepter la juridiction de la science, c'est pour le libre arbitre se vouer d'emblée à une inévitable condamnation. Et quant au Déterminisme, c'est une justification superflue et dangereuse que d'invoquer en sa faveur les découvertes particulières ; superflue, parce qu'étant le principe même de toute recherche, il serait puéril d'espérer que les résultats de celle-ci ajouteront quoi que ce soit à son autorité suprême ; dangereuse, parce qu'en le présentant comme une vérité appuyée sur certains faits particuliers, on l'expose du même coup à être ébranlé par des faits contraires, qui pullulent.

Maintenant, le fait que le déterminisme est la condition même, la supposition tacite de la science, prouve-t-il qu'il soit la Vérité? Sans doute, si les oracles de la science sont l'expression de la réalité absolue. Mais cette infaillibilité est justement ce qu'on peut mettre en question. Notre intelligence, notre faculté de connaître, résumée dans le principe de causalité ou de déterminisme, atteint-elle le vrai... véritable? Que la condition suprême de toute façon scientifique d'envisager les choses s'applique forcément à toutes les choses scientifiquement envisagées, c'est une vérité de La Palice, quoiqu'il ait fallu tout le génie de Kant pour la trouver ; mais (et voici un second truisme que Kant a tiré du précédent), il ne suit pas de là que la façon scientifique d'envisager les choses soit la seule possible ni même la meilleure au fond. Par conséquent, on ne saurait affirmer que réellement, en soi, la Nécessité plane sur les choses comme la science le suppose. Il n'y a aucun moyen de le vérifier et de constater si tous les événements sont bien vraiment soudés, liés les uns aux autres comme les anneaux d'une chaîne, de sorte qu'à une intelligence assez développée il suffirait de tenir un des chaînons pour être virtuellement en possession de tous les autres. Car, ainsi que Hume l'avait déjà reconnu, nul n'a jamais aperçu les rivets qui sont censés tenir ensemble les morceaux de la grande machine ; la nécessité interne que la science suppose sous l'évolution du monde se dérobe complètement à notre vue. Tout ce qu'on peut dire, c'est que le cours des événements suit un ordre assez régulier pour que notre petite science puisse le prédire en gros, et mettre sur le compte de notre ignorance les lacunes ou les caprices qu'il présente. Assurément, pour avoir du cœur à l'ouvrage, le savant comme tel a bien raison de supposer que tout se tient quasi logiquement dans l'univers, qu'il n'y a pas de limite à la science possible, et que l'esprit infini imaginé par Laplace est un idéal sinon réalisable en pratique, du moins théoriquement vrai et conforme à l'essence des choses. Mais comment établir que ce n'est pas là une illusion? qui sait si le dit esprit infini, réalisé, n'apercevrait pas dans la trame passée de l'univers une innombrable foule de petites déchirures, de solutions de continuité, de commencements absolus, et ne déclarerait pas impossible de prédire l'avenir à coup sûr? (A moins qu'il n'en conclût qu'il n'est pas encore suffisamment infini pour tout comprendre).

Il est clair que, suivant l'expression de M. Dufay, le monument de la science ne portera jamais sur son fronton le mot de Liberté, puisque ce monument est tout entier construit sur le terrain, avec les matériaux, et par les moyens du déterminisme. Mais reste à savoir si cet édifice est bien le temple du vrai dieu, ou s'il n'est peut-être qu'un hangar banal, une halle, une Bourse où tous les hommes se rencontrent pour traiter leurs communes affaires matérielles, quel que soit d'ailleurs leur credo esthétique, métaphysique, moral ou religieux. Qu'il plaise à un remueur d'argent de faire de la Bourse son église, c'est son affaire, personne ne peut lui prouver qu'il a tort; et peut-être a-t-il en somme raison, mais enfin ce n'est pas démontré. De même chacun est libre, si cela lui convient, de prendre les principes constitutifs ou directeurs de la science pour la vérité absolue, et de les ériger pour son propre compte en dogmes métaphysiques; mais de quel droit voudrait-il forcer autrui à en faire autant? La science se porte-t-elle plus mal, ou est-elle moins certaine et moins utile en pratique, quand on n'y voit qu'une façon particulière dont l'esprit humain coordonne ses sensations, que lorsqu'on en fait la photographie de l'Absolu? Est-ce lui manquer de respect que la restreindre aux phénomènes? Littré lui-même le faisait, et Claude Bernard aussi!

Pour rester fidèles à leur consigne et ne pas sortir de leur rôle, les savants devraient donc, quand il est question de la liberté, se contenter de dire (à l'instar d'un mot célèbre de Laplace) qu'ils n'ont pas besoin de cette hypothèse, et qu'elle n'a même aucun sens dans leur domaine, établi tout entier sur l'hypothèse contraire. Ceux en particulier qui cultivent la psychologie physiologique n'auraient qu'à faire observer que, pour se constituer, leur science doit forcément prendre comme fil conducteur le principe, commun à toutes les études expérimentales, du déterminisme absolu des phénomènes. Malheureusement, les esprits qui affichent le plus de prétentions à l'indépendance philosophique et à la positivité sont souvent ceux sur qui le microbe du dogmatisme prend le mieux ; le seul mot de *libre arbitre* leur fait voir rouge ; ils oublient qu'ils ont juré de ne pas faire de métaphysique, et la façon dont ils entonnent l'hymne de victoire de l'Universelle Nécessité, à propos de tout et de rien, tient plus du philosophe en délire, ou du fanatique courant sus à l'hérésie, que du savant de sang-froid. — Cela aussi est une erreur de logique ou une orgueilleuse illusion.

**Déterminisme et Responsabilité morale.** — Ces deux choses sont-elles conciliables, tant en logique qu'en pratique? Examinons séparément ces deux points.

Pour ce qui est d'abord de leur compatibilité *logique*, il est clair que les partisans du libre arbitre la nient, puisque c'est précisément le sentiment de leur responsabilité qui, pour être pris au sérieux, les empêche d'admettre que tout soit nécessaire. — Quant aux déterministes, dont l'opinion serait justement la plus *intéressante*, ils n'ont pas encore réussi à s'entendre. Non certes, disent les uns, la responsabilité ne peut pas subsister (sauf à titre de sentiment illusoire) avec le déterminisme, car « la conséquence de la nécessité, c'est l'irresponsabilité : il n'y a pas moyen d'y échapper[1]. » Taisez-vous donc, répliquent les autres, ce que vous dites là est très dangereux, et du reste vous n'y comprenez rien parce que vous posez la question de travers ainsi qu'on l'a toujours fait jusqu'ici ; heureusement que nous, nous sommes enfin parvenus à la bien poser, ce qui nous permet de conserver la responsabilité intacte au sein du déterminisme, comme vous allez voir. Là-dessus commencent des exercices de haute voltige, mais qui varient du tout au tout d'un exécutant à l'autre ; de sorte que le spectateur ahuri, ne reconnaissant d'ailleurs pas la responsabilité (telle qu'il l'a toujours naïvement comprise) dans les caricatures qu'on lui en offre, prend le parti de se retirer jusqu'au moment où MM. les Déterministes-responsables de tout bord, et MM. les Déterministes-irresponsables, auront enfin daigné se mettre d'accord entre eux. Espérons qu'ils y arriveront avant que l'humanité ait cessé de s'intéresser à ce problème.

Si maintenant on se demande jusqu'à quel point ces deux choses sont *pratiquement* conciliables, c'est-à-dire s'il est possible de croire en même

---

[1] Rée, *Die Illusion der Willensfreiheit*, analysé dans la Revue philosophique, XXI, 187 (févr. 1886).

temps à la nécessité de tout ce qui arrive et à sa propre responsabilité morale, cette question de fait est affirmativement résolue par le cas des savants et philosophes qui déclarent posséder ces deux convictions. Quant à décider si ces déterministes-responsables ne sont que de curieuses anomalies, ou sont au contraire des privilégiés en avance sur leur temps et les précurseurs d'une humanité future, où ce double sentiment sera la règle, c'est ce qui est impossible maintenant. Mais qui sait si les progrès du suffrage universel ne permettront pas un jour de faire voter les quinze cents millions d'habitants de notre globe sur cette question : Vous croyez-vous absolument déterminé dans tous vos actes, tant bons que mauvais, et si oui, vous estimez-vous moralement responsable de votre conduite, non pas devant la justice des tribunaux, mais devant vous-même ou une justice absolue quelconque? — Pour le moment, on ne saurait songer à un plébiscite de ce genre. Cependant l'interrogatoire d'une certaine classe d'individus, des malfaiteurs par exemple, statistiquement opéré, pourrait peut-être, au bout de quelques années, fournir des indices significatifs à cet égard.

« Depuis vingt ans, — écrivait récemment un magistrat[1], — soit
« comme juge d'instruction, soit comme procureur de la République, soit
« comme conseiller, j'ai eu à interroger bien des criminels de tout âge,
« de tous les rangs, de toutes les conditions, je n'en ai jamais entendu
« un seul douter de son libre arbitre. Jamais aucun d'eux, convaincu du
« fait qui lui était reproché et qui allait entraîner contre lui une condam-
« nation lui faisant perdre l'honneur, la liberté ou même la vie, n'a
« essayé d'en décliner la responsabilité en disant que son crime avait été
« déterminé par son organisation ou par le milieu dans lequel il avait
« vécu. Pendant que de profonds philosophes et des savants distingués
« considèrent l'assassinat, l'empoisonnement, le parricide, le vol, l'atten-
« tat à la pudeur comme des actes nécessaires, imposés aux criminels
« par les défectuosités de leur organisation physique et psychique, — les
« assassins, les empoisonneurs, les voleurs ne songent pas à présenter
« cette ingénieuse défense ; ils se sentent responsables. Ils ont le plus
« grand intérêt à se dire les victimes de la fatalité ; le désir de se sous-
« traire au châtiment leur inspire les moyens de défense les plus bizarres.
« Cependant, il n'est jamais arrivé à un criminel de dire à ses juges :
« Mes instincts égoïstes sont plus forts en moi que mes instincts altruis-

---

[1] L. Proal, *La responsabilité morale des criminels*. Revue philosophique, avril 1890, p. 387.

« tes ; je n'ai pas pu diriger mes actions comme j'aurais voulu ; mon
« crime ne dépend pas de moi, je n'en suis pas responsable ; je suis la
« résultante de mes aïeux, de ma nourrice, du lieu, du moment, de l'air
« et du temps, du son, de la lumière, de mon régime et de mes vête-
« ments (Moleschott). La faute n'est pas à moi, la faute en est à mes
« parents, qui m'ont transmis un sang vicieux et des règles de conduite
« plus vicieuses encore ; la faute en est à la société qui m'environne,
« mauvaise nourrice dont j'ai sucé le lait et les idées vénéneuses (Georges
« Renard)... »

Ces observations ne prouvent rien actuellement quant au point qui
nous occupe, puisqu'à l'heure présente la croyance à la liberté morale est
encore assez générale dans toutes les classes de la société, et qu'il n'y a
par conséquent rien d'étonnant à ce que les malfaiteurs, étant convaincus
de leur libre arbitre comme presque tout le monde, se croient également
responsables. Mais supposons que — par le véhicule d'une instruction
publique, gratuite et obligatoire, s'inspirant consciencieusement des principes du déterminisme philosophico-scientifique — la croyance à la nécessité de toutes les volitions morales arrive un jour à pénétrer les masses
au point d'y supplanter la croyance actuelle au libre arbitre. Si alors on
refait les mêmes observations, — c'est-à-dire que si, à cette époque, les
gredins (à supposer qu'il y en ait encore), tout en étant parfaitement convaincus de la vérité du déterminisme, continuent néanmoins à croire à
leur responsabilité morale et à faire fi des excuses que la science tient à
leur disposition, — on aura dans ce fait, en faveur de la compatibilité
*pratique* de ces deux choses dans la nature humaine, un argument infiniment plus solide que celui que nous fournit aujourd'hui l'exemple de quelques philosophes isolés. Mais jusque-là la question reste en suspens, et
c'est à chacun à s'interroger lui-même, s'il lui plaît de savoir en quelle
mesure il réussit à accommoder, soit dans sa pensée, soit dans sa vie, la
croyance au déterminisme absolu et celle à sa propre responsabilité.

# TABLE

———

———

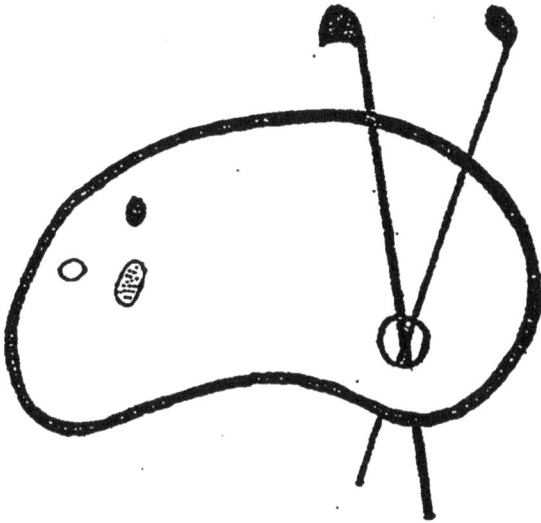

ORIGINAL EN COULEUR
NF Z 43-120-8

www.ingramcontent.com/pod-product-compliance
Lightning Source LLC
Chambersburg PA
CBHW052204270326
41931CB00011B/2222